JN409168

바람의 집

최수연 수필집

도서출판 진실한 사람들

| 책 머리에 |

미완의 집에 돌 하나 얹으며

문단에 디딤돌 하나 놓은 지도 어언 20년이 넘었다. 뛰어난 작가들의 작품이 넘쳐나는 시대에 내 글을 책으로 묶는다는 것이 용기가 나지 않았다. 그저 글 쓰는 일만으로도 만족스러워 그동안 습작만 해왔다. 지금도 그런 마음에는 변함이 없지만, 분신이나 다름없는 글을 언제까지 흩어져 떠돌도록 둔다는 것도 주인으로서 무책임한 일이라 여겨졌다. 그래서 초막이나마 지어서 문패를 달아 주고 눈비 피하는 공간을 마련해 주고 싶었다.

신혼 시절에 우여곡절을 겪으며 인내를 배웠던 '셋방살이', 우리 집 옆 다 무너져가는 '움막', 앞집 노부부가 저 세상으로 가시고 바람만 덜컹거리며 드나드는 '바람의 집', 어머니가 살다 먼 길 떠나신 친정의 '빈집' 등 집과 연관된 내용이 여러 편 있었다. 대부분 전원생활이 지닌 빛과 그늘이 작품의 주된 부분을 차지하고 있다. 그들을 주인공으로 세워주고 싶었다. 사랑과 애정의 눈으로 사물을 바라보며 생명을 불어 넣어주는 작업을 이어나갈 생각이다.

부족한 글에 매일 돌 하나씩 얹으며 탄탄해지길 소원하는 이 '글집'이 오늘은 돌 한 개로 시작하지만, 언젠가는 강풍에도 흔들리지 않는 튼튼한 집이 완성되지 않을까. 꾸준히 주변을 살피며 사람 사는 이야기를 온기 어린 글로 풀어내고 다듬으려 한다.

'바람의 집'이라는 문패를 달도록 작품평과 발문으로 날개를 달아준 김우종 교수님과 권대근 교수님께 감사드립니다. 출판을 담당해 준 '도서출판 진실한 사람들' 김주안 대표에게도 고마움을 전합니다.

사랑하는 수민, 수아가 먼 훗날 할머니가 생각날 때 펼쳐보았으면 하는 바람입니다.

2023년 가을에

최 수 연

차 례

1부 황제펭귄 몸무게

2부 꿈꾸는 감나무

3부 **기억의 터**

4부 내 마음에 토굴 하나

5부 허리 구부린 소나무

황제펭귄 몸무게

고갯마루

내가 걸어왔다고 믿기 어려울 만큼 높은 고개에서 아래를 보니 아스라하다. 굽이굽이 무던히도 올랐다. 오는 동안 미끄러져 넘어질 뻔하고 가시나무에 찢겨 피가 흐르기도 했다. 마치 지나온 인생길 같다.

산 너머에서 열리는 오일장에 가는 길이다. 코비드19가 퍼지기 전에는 마을버스를 이용했는데 요즘은 될 수 있으면 사람 많은 곳을 피한다. 산길을 택하니 운동도 되고 바라만 보던 고개를 직접 올라가는 것도 색다른 기대를 하게 했다. 인적 드문 곳에서는 잠깐 마스크를 내린다 해도 문제될 일은 없을 테지만, 그마저도 조심스러운 때다.

멀리 걸어야 할 때는 가급적 물이나 커피는 마시지 말아야 하는데 고갯마루를 몇 미터 앞두고 신호가 왔다. 되짚어 집으로 가기에는 너무 먼 거리다. 때마침 친구 사이로 보이는 여인들이 옆을 지나가기에 혹시 화장실이 보였는지 물어보았다. 초행이 아닌 듯 입을 모아 산 어디에도 화장실은 없다고 한다. 난감한 표정에서 다급함이 엿보였던 모양이다. 그들은 돌아서다 말고 산 전체가 화장실이라고 보초까지

자청하고 나섰다. 결국, 그 말에 용기를 내어 해결하고 따뜻한 물 한 잔을 마시니 속이 확 트이는 기분이다.

교통이 원활하지 못하던 시절에는 산 넘고, 물 건너 십리 길 걷는 것은 보통이었다. 우리 어머니들은 그렇게 장에 다녀오셨다. 무거운 보따리를 이고서 고갯마루에 다다라 한숨 돌리셨으리라. 불현듯 어머니가 오일장에 가시던 오래전 그날이 떠오른다. 그토록 내가 입고 싶어 하던 꽃무늬 원피스를 꼭 사다 주마하고 철석같이 약속한 어머니는 석양이 자취를 감출 무렵이 되어 빈손으로 돌아왔다. 서커스를 구경하다 잠깐 한눈판 사이 짐이 사라진 것을 알았고 소매치기는 도망간 뒤였다고 한다. 그 뒤 상황은 보지 않아도 어땠을지 그려진다.

이유야 어떻든 나는 당시 원피스만 눈에 어른거려 새벽까지 울었다. 빠듯한 살림에서 모처럼 딸과 약속한 옷을 소매치기당한 엄마 마음을 알려고도 하지 않았다. 어머니는 얼마나 황당하고 애가 탔으면 그때 일을 두고두고 되새기곤 하셨을까. 이제야 고갯마루에서 헤아려 본다. 거대한 구름장 사이로 어머니 얼굴이 언뜻 보이는가 싶더니 이내 사라지고 만다. 고개를 파묻고 있으려니 어서 일어나라는 듯 누군가 등을 토닥였다. 고갯마루는 언제나 그랬다. 한 걸음도 떼기 힘든 깔딱고개에서도 그만 일어나라고 어머니 손길처럼 다독여주는 느낌을 받았다. 차츰 지형이 익숙해지면서 새가 위로하듯 노래하고 살랑살랑 불어오는 바람은 불안을 날려 버렸다.

준비 없이 무턱대고 나서면 멀기만 하다. 철저히 몸과 마음을 비운 채 묵묵히 한 걸음씩 내딛다 보면 정상에 도달했다. 자연은 숨김없이 속살을 훤히 드러내고도 한 점 부끄럼이 없다. 텅 빈 겨울 산도 보기에 나쁘지 않다. 순환 없는 인생은 가정조차 하기 싫다. 고갯마루가 호락호락하지 않다는 것을 알아버렸기 때문이리라. 오일장에는 더 이상 고개에 오를 수 없는 할머니들이 된장, 청국장, 만두, 푸성귀 등 손수 만들고 가꾼 것들을 당신들 마을 가까이 전을 펼쳐놓고 있는 곳이다. 올해는 작황이 안 좋아 값을 좀 올렸다고 미안해하는 할머니 모습이 수줍은 소녀를 보는 것 같다. 역병으로 어수선한 이때 헛걸음하지 않은 것만으로도 고마웠다.

장을 다 보고 되돌아서 다시 산으로 진입하고 발길을 재촉하는데, 갈 때는 미처 보지 못한 공동묘지가 눈에 들어왔다. 순간 오싹한다. 지는 해 때문인가. 여태 남의 일로만 여긴 탓도 있겠다. 태어남과 사라짐, 만남과 이별, 죽은 자는 저기에 나는 여기에, 순리는 누구도 거역할 수 없다고 일깨운다. 그제야 움츠러들던 어깨를 펼 수 있었다.

나도 어느덧 환갑을 지났으니 인생에서 하산할 일만 남았다. 백세 시대라고는 해도 내려갈 일만 남았다는 것은 일을 만들기보다는 정리하면서 살아야 한다는 뜻이리라. 돌이켜 보면 능선의 사계는 어느 한 계절도 소홀하지 않았다. 색을 입혀 아름답지 않은 계절이 없었다. 내게 고갯마루는 그리움이었고 능선은 희망이었다. 그러나 앞만 보고 걷느라 주변을 살피지 못한 것은 아쉬움으로 남는다. 어쩌면 그립던 자리에 와 있으니 희망도 무용지물이 된 고갯마루인지도 모른다.

오일장 풍경이 저 멀리 흐릿하다. 버스나 택시는 움직이는 장난감 같고 줄지어 걸어가는 사람들은 개미처럼 보인다. 그렇다고 개미라고 한다면 너무 허망하다. 내게 줄 원피스 보따리를 들고 도망친 도둑이나 그 사람에게 보따리를 잃었던 엄마나 서커스단의 소년 소녀들도 모두 이 넓은 우주 안에서 그처럼 작은 생명체로 살다 가는 존재 아닌가. 장터로 가는 고갯마루만이 아니라 6부 능선의 나이가 말하는 인생도 그렇다. 젊어서 같으면 화장실 말은 부끄러워 꺼내지도 못했을 텐데 나이가 들었다는 것이 편할 때도 있다.

그렇게 서두른 인생길에서 일일이 열거할 수 없을 정도로 놓친 것이 많다. 잃은 것도 잊은 것도 일부러 생략해버린 것도 부인할 수 없다. 고개를 오를 때도 새소리를 듣기는 했지만, 보지 못했고 보려고 하지도 않았다. 작은 풀벌레 역시 소리만 들었지 앙증맞은 생명체들이 누구였는지는 살필 생각은 하지 않았고 어떻게 날개를 비비며 울고 있는지, 그 재롱에는 관심이 없었다. 알려고 하지도 않았다. 모든 생명체가 함께 지구를 지키며 살고 있는데도 생각해본 일 없이 빈탕처럼 여기까지 왔다. 내려갈 일만 남은 오늘에야 세월이 뜀박질하며 간다던 어머니 생전 푸념 섞인 말씀이 이해가 간다.

이것이 내 6부 능선의 좌표라면 걸어온 길을 되돌아보기에도 가장 알맞은 자리가 아닐까. 이제라도 바람에 떨고 있는 꽃이 있으면 손도 한번 내밀고 쓰러진 나무는 일으켜도 보리라. 그런 의미에서 고갯마루는 최종 목적지가 될 수 없다. 앞으로는 새소리 물소리에 귀 기울이며 쓰러져가는 나무가 있으면 일으켜도 보고 남의 손을 잡아주는 것을 목표로 삼으려고 한다. 그렇게 7부 능선 8부 능선, 끝나는 그날까지 나이에 알맞게 무엇인가 사랑하고 내 일을 만들어나가면 마지막까지 오르는 길이 되지 않을까.

고갯마루에서 내려갈 일만 남은 것이 아니라, 이 자리를 새로운 도약의 출발점으로 삼아야겠다. 훗날 앉아서 그림처럼 산을 바라보게 될 날이 왔을 때 후회 없이 오늘을 기억하지 않겠는가.

바람의 집

덜커덩거리는 소리에 내다 보니 앞집 대문이 자동으로 열렸다 닫히기를 반복한다. 얼마 전까지만 해도 왁자하던 집 안에 찬 바람만 들락거린다. 채 일 년도 안 된 사이 바로 앞뒷집은 덩그러니 바람이 드나드는 집이 되고 말았다.

언제 보아도 다정다감하던 뒷집 할머니는 암 치료로 호전되는가 싶던 작년 시월, 바람 따라가셨다. 혼자 남은 할아버지는 청소와 빨래, 식사를 손수 챙기는 것 같았다. 이웃인데도 도움을 드리지 못해 늘 죄송했는데, 어느 날 아들네로 들어가면서 빈집이 되었다. 서툰 시골살이에 무엇이든 손쉽게 해결해 주던 분들이었다. 앞서거니 뒤서거니 떠나시어 인생 덧없음이 실감난다. 김장철이면 타지에서 온 자식들과 삼겹살 파티를 하느라 혈육의 훈기로 가득 차던 안마당에는 쓰레기들이 이리저리 뒹굴어 을씨년스럽다. 창문 너머 방안 의자에서는 할머니가 놀러 오라고 손짓하는 듯하다. 병중에도 항상 웃는 얼굴로 친정엄마처럼 따뜻하게 품어주셨다.

할머니가 항암치료로 입맛을 잃었을 때 죽을 쑤어 갖다 드린 적이 있다. 하루는 손을 잡고 눈물을 흘리셔서 나는 죄인처럼 서 있었다. 내 성의가 할머니께 약간이나마 위안이 되었는지 몰라도, 문득 같은 병명으로 돌아가신 친정어머니 생각이 나서였다. 생전에 멀리 떨어져 있다는 핑계로 잘해드리지 못했기 때문이다. 할머니는 당시 긴히 할 말이 있다고 시간을 한번 내라며 내 손을 놓지 않았다. 무슨 말씀을 하시려고 그랬을까. 아직도 그 온기가 느껴지는데, 노인들은 단 며칠을 기다려주지 않는다. 친정어머니도 그렇게 가셨다. 자식들이 잘 되기를 평생 학수고대하고는 조금이라도 갚으려고 하면 훌쩍 떠나신다.

빈집에 눈길을 두다 보면 나는 어느새 고향 하늘로 향해 있었다. 친정어머니가 기거하던 집도 지금은 이렇게 휑뎅그렁할 것이다. 돌아가신 지 어언 삼 년이란 시간이 흘렀어도 어머니가 공들였던 감나무와 무화과, 매화나무는 변함없이 봄의 향연을 펼치고 있으리라. 우리 형제들의 역사나 다름없는 사진도 거실에 그대로 걸리지 않았을까. 그 모두를 차마 마주할 자신이 없다. 금방이라도 '아가, 먼 길 오느라 애썼다' 하시며 어머니가 신발을 끌고서 달려 나올 것만 같아서 그곳으로 발길이 옮겨지지 않는다.

나는 하나뿐인 아들이 결혼과 동시 분가하고 나서 빈집 증후군을 겪었다. 방문을 열면 환한 얼굴로 "무슨 일 있으세요?" 하고 맞아주던 아들의 빈자리가 너무나 크게 다가왔다. 그런 날은 안절부절못하다 들판으로 나가는 일이 많았다. 품 안에 있을 때 좀 더 따뜻하게 대해주지 못한 자책의 눈물을 흘리다 돌아오곤 했다. 한동안 지나가는 바람에 대문만 덜컹거려도 혹시 아들이 오나 하고 내다보았다. 그게 부모의 마음이리라.

내가 사는 단독 주택도 우리가 떠나면 빈집이 되지 않겠는가. 대물림되었으면 하는 것은 바람일 뿐, 꿈결인 듯 왔다가는 아들에게 전원생활을 기대하기는 어렵다. 더구나 도시의 편리함에 젖어서 시골로 들어오기는 쉽지 않으리라. 훗날 이 집도 바람이나 들락거리지 않겠는가. 만물은 좋은 일 궂은일을 겪으면서 나이를 먹는다. 그 사이 나는 늙고 아들은 두 아이의 아빠가 되었다. 삶이란 기쁨과 슬픔이 교차하면서 흘러간다.

그제야 어머니를 이해할 수 있었다. 나는 아들 하나인데도 허전하여 잠 못 이룬 날이 허다했는데, 어머니는 우리 다섯 형제가 뿔뿔이 떠나고 그 빈자리를 어찌 달랬을까. 내게 빈집이 한 채 있다면 어머니 가슴에는 아버지까지 빈집이 여섯 채 아닌가. 언젠가 어머니께 소원을 여쭤본 적이 있다. 그때 망설이지도 않고 딸들이 부모 가까이에 사는 친구들이 그렇게 부러울 수 없다고 하셨다. 자식들 앞에서는 한 번도 약한 모습을 내비치지 않던 어머니였다. 얼마나 참고 참은 외로움일까 싶어 나도 모르게 울컥했다.

시골에서 오직 자식들 오기를 기다리셨을 텐데도 전화하면 매번 "난 괜찮으니 너희나 잘살면 된다"라고 우리를 안심시켰다. 그게 속

뜻이 아니라는 걸 알면서도 미루기 일쑤였다. 어머니는 투병 끝에 마지막을 요양원에서 돌아가셨다. 그때도 당신은 괜찮다며 어서 돌아가라고 했어도 더 같이 있지 않았던 것이 못내 후회된다. 부모는 자식에게 마지막까지 주지 못해서 안타까워한다. 그동안 귀한 것은 입에 넣지 못하고 우리에게 다 내어주었다. 한없는 사랑을 받기만 하고 어머니 떠난 뒤 회한에 젖으면 무슨 소용이랴.

부모가 되어 보니 일생 절반은 기다림이었다. 나는 아들이 온다고 하지 않았는데도 수시로 밖을 내다보게 된다. 어머니의 삶은 그 많은 세월을 이제나저제나 하면서 기다린 인고의 연속이었으리라. 해 질 녘 낙조를 보면서 눈물 흘린 적이 있다. 동료를 잃은 모습으로 혼자 어디론가 날아가는 새도 쓸쓸했다. 어머니의 빈집은 떠올리기만 해도 눈물이 난다. 결국 우리네 생은 바람으로 왔다가 바람이 사는 집 한 채 남겨놓고 떠나는 것인지도 모른다.

그리움은 추억 속에 숨었다

길거리 간식으로 인기를 끌었던 ‘달고나’와 1970-80년대에 유행하던 놀이가 다시 붐을 일으키고 있다. 드라마 ‘오징어 게임’에서 오징어, 구슬치기, 줄다리기 등을 보고 따라 하다 우리 전래놀이가 세계적으로 열풍이 불기 시작했다. 그 인기에 힘입어 달고나를 만드는 세트도 해외에서 비싸게 팔리고 있다니 새삼 격세지감을 느낀다.

여자애들이 즐기던 고무줄놀이, 공기놀이 등은 여기에 소개되지 않아 조금 아쉽다. 실뜨기도 그중 하나였는데, 철학자이자 생물학자인 도나 해러웨이(Donna Haraway)가 <해러웨이 선언문>에서 실뜨기를 언급하고 추천까지 해서 의외였다. 실뜨기는 약간의 실만 있으면 가능한 놀이지만, 두뇌 감각과 손끝이 여물지 않으면 쉽지 않다. 철모르던 시절 수정이와 마주 앉아 실뜨기를 즐겼다. 그 애는 이웃에 사는 절친한 친구로 틈만 나면 누가 먼저랄 것 없이 놀자고 불러내 참새처럼 조잘대며 시간 가는 줄 몰랐다. 때로 토라지기도 했는데 연유는 대부분 실뜨기로 인해서였다. 처음 시작할 때 주거니 받거니 화기

애애하던 것은 몇 차례 오가지 못하고 실이 엉켜버려 잘잘못을 따지다 화를 내며 일어서곤 했었다.

그 애와 쉽게 헤어지리라고는 꿈에도 상상하지 않았는데 별안간 우리 아버지가 돌아가시는 슬픔이 닥쳤다. 그 뒤 우리 가족이 아버지의 본향으로 이사하는 바람에 나는 떠밀리듯 그 애와 기약 없이 멀어졌다. 전화도 없던 시절이라 연락은커녕 소식조차 막막했다. 납작한 돌만 봐도 사방치기 하던 그 애 얼굴이 겹쳤어도 찾아 나설 기회를 만들지 못했다. 나이가 쌓이고 어려서의 추억이 새록새록 떠올라 더 늦기 전에 친구를 만나고 싶었다.

어떤 실마리도 없이 무작정 유년의 추억이 깃든 마을에 당도하고 보니 예전 모습은 간데없고 아파트가 우뚝 솟아 천지개벽이 따로 없었다. 주변 산을 배경 삼고 어림짐작 끝에 다행히 기차역은 그대로여서 기억을 되살릴 수 있었다. 하늘 높은 줄 모르고 솟은 건물 사이로 우리 집이 와락 품에 안기듯이 눈에 들어왔다. 거대한 동굴 속에 갇혀 웅크린 듯 초라했어도, 헐리지 않고 그 자리를 지킨 것만으로도 눈물이 핑 돌았다.

예기치 않게 흩어져버린 일기장을 꿰맞추듯 그 시절을 떠올리며 숲을 이룬 정원 유실수를 바라보았다. 아버지가 짬짬이 심고 가꾸던 나무들은 지나간 세월만큼 자라 옛 주인을 반겼다. 그동안 보고 싶던 사람을 앞에 둔 것처럼 거목이 된 석류나무를 어루만졌다. 이 나무를 심었을 때는 내가 몇 살 무렵이었을까. 석류나무가 대들보같이 재목材

木은 아니어도 열매가 익으면 성인병 예방에 탁월하다는 것을 알고 자식들을 위해 심었던 건 아니었을까. 나무들을 바라보노라니 이 집에서 우리 곁을 떠난 아버지가 내 이름을 부르며 대문 안으로 들어설 것만 같다. 그러면 당장 뛰어가 품에 안길 텐데, 나무와 집터는 여전하건만 이제 아버지 어머니도 그리운 사람은 모두 추억 속에 숨었다.

서글픔이 밀려들어 그만 발길을 돌리려는 순간 담벼락에 낙서 자국이 보였다. 희미하긴 해도 분명 '수정아 놀자'였다. 눈을 비비고 다시 봐도 서툰 내 글씨체였다. 그때가 언제인가, 찬찬히 흑백 영사기 돌리듯이 되짚어도 수정이와 놀던 일들만 어른거린다. 어느 날 그 친구와 말다툼하고 토라진 후 무언가로 새기지 않았을까. 아마 사금파리나 조개껍데기를 가지고 놀다 그걸 도구 삼아 다툰 것을 후회하며 혼자 따분함을 달랬을지도 모른다.

담 너머 수정이네를 바라보았다. 금방이라도 통통 뛰어나올 것 같은 친구는 허상조차 보이지 않는다. 봄이면 매화꽃이 날려 온통 분홍을 물들였던 넓은 정원으로 자동차들이 질주해서 낯선 변화를 실감할 수 있었다. 그때는 깨진 사금파리 하나로도 지루할 새 없이 소꿉놀이에 정신이 팔려 해지는 줄도 모르고 어울렸다. 납작한 돌을 한 발로 차 다음 칸으로 옮기고 마지막으로 돌을 공중으로 띄워 받아오는 사방치기, 동네 아이들과 편을 나눠 팥 주머니로 맞히는 놀이 또한 잊히지 않는다. 더러는 의견 충돌이 있다가도 돌아서면 다 잊은 듯 어깨동무했다.

초등학교 일 학년 교과서에 나왔던 '영이야 놀자, 바둑아 이리와 나하고 놀자' 내용도 선명하다. 어린 우리에게 당시 '놀자'는 일상이어서 종일 산으로 들로 쏘다니다가 어머니 부름을 듣고서야 겨우 흩어졌다. 학교 수업이 끝나도 학원으로 곧장 직행하는 요즘 아이들이 들으면 어느 별나라 이야기 아니냐고 되물을지 모르겠다. 놀이의 방식도 시대 따라 변해서 요즘은 학교와 학원에 오가다, 짬이 나면 스마트폰 게임 등으로 혼자 노는 것에 익숙한 아이들을 보노라면 짠하다. 나는 우리 아이들이 공부 집중은 적당히 하고 밖에서 마음껏 뛰노는 날이 오길 바란다. 그러다 보면 어른들이 우려하는 사건 사고도 사라지지 않을까 싶어서다

허탈한 마음으로 서울 집에 도착해 친구를 찾는 방법이 없을까 궁리하던 차였다. 이심전심일까. 나의 오빠 이름을 기억하고 전화번호부를 뒤져 백방으로 수소문 끝에 연락이 닿았다는 수정이와 감격의 통화를 했다. 우리는 속히 만나 동심으로 돌아가자는 약속하고도 먼저 수화기를 내려놓지 못하고 있었다

봉정암

설악산에 보석처럼 박혀 있는 봉정암에 다녀온 지도 어느덧 일 년이 지났다. 설악산은 대부분 지세가 험하고 가파르다. 봉정암 가는 길도 다르지 않았다. 산비탈에 설치된 밧줄을 잡고 오르내리기를 반복하다 암자에 다다랐다. 어둠이 짙게 깔려 앞을 분간하기도 쉽지 않은 가운데 땀으로 흥건한 몸을 이끌고 절 안으로 들어서니 때맞추기라도 한 것처럼 저녁 공양 시간이었다.

극한 산행 끝이라 입맛은 없었지만, 스님이 건네는 미역국을 경건하게 받아 들고 빈자리를 찾아 계단에 앉았다. 찬은 미역 국밥에 오이무침 몇 조각이 전부인데 진수성찬이 부럽지 않은 꿀맛이다. 다 꺼져가던 불씨가 살아나듯 하던 것도 잠시, 따뜻한 국물이 몸에 들어가자 일시에 피로가 몰려오면서 눈꺼풀이 내려앉아 서둘러 예약해둔 선방을 찾았다. 불자들의 불경 소리가 리듬을 타며 방안에 울려 퍼졌다. 신도도 아닌 사람이 그 속에서 혼자 오도카니 있으려니 가시방석이 따로 없다. 더 난처한 것은 졸음을 쫓는 일이었다. 새벽에 집을 나서서 백담사에서도 여섯 시간 가까운 산행으로 전신은 지쳐 있었다.

나도 모르게 깜박 졸았던가 보다. 아니 선잠이 들었지 싶다. '가뜩이나 좁은 도량에 누워 있다'는 누군가의 목소리가 꿈인지 생시인지 어렴풋이 들렸다. 퍼뜩 정신이 들었으나 선뜻 일어날 수가 없었다. 다행히 얼굴을 점퍼로 덮고 있어서 민망함을 덜었다. 이곳에 올 때 나름대로 철저히 준비했는데도 기도로 밤을 지새운다는 것을 헤아리지 못한 내 불찰이 컸다.

지난해 대청봉 올랐을 때였다. 근막통증 증후군이란 병명을 얻고 통증으로 죽음을 앞둔 사람처럼 모든 것을 내려놓고 있을 때, 남편이 강도 높은 산행을 제안했다. 내 생애 마지막이 될지도 모른다는 생각이 들었다. 마치 천당과 지옥을 오가는 듯하고 대청봉 정상에 도착했다. 그때 훌쩍 뛰어내리면 닿을 듯 외로운 섬처럼 숲속에 묻힌 봉정암이 눈에 들어왔다. 저곳에 가면 내 통증의 실마리도 풀리지 않을까, 하지만 앞으로 그럴 기회가 있기나 할까, 희망 사항에 불과하리라.

설악산 산행을 무사히 마치고 하루를 살아 낸 것만으로도 감사하던 어느 날, 내설악의 단풍이 어느 때 보다 곱다는 뉴스가 나왔다. 어떻게든 봉정암에도 가고 말리라. 오직 그 일념 하나로 있는 힘을 다해 왔는데 기도로써 밤을 지새운다는 것은 암자에 당도하고야 알았다. 점퍼로 얼굴은 가렸지만, 미안해서라도 더는 누워 있기가 불편했다. 조심스레 발끝으로 딛고 선방을 나섰다. 방안의 열기로 인해 산속의 시린 공기가 오히려 시원하게 느껴지며 스님의 목탁 소리와 염

불이 경내로 발걸음을 옮기는 나의 영혼을 적시고 온 산야를 깨웠다.

보물 제1832호로 부처님의 진신사리가 모셔진 곳으로 천천히 올라갔다. 거대한 암벽 위에 오층 석탑 앞에 무릎을 꿇고 몸을 엎드린 신도들 모습에서 '일체의 번뇌가 사라진 것이 적멸'이라는 불교의 교리를 떠올렸다. 불교 신자가 아니어도 여기에 온 이상 합장으로 예를 표했다. 평온한 마음으로 내려오는 길에 올려다본 하늘에는 무수한 별이 쏟아질 듯 반짝이고 있었다. 옹달샘에서 찬물 한 바가지를 떠서 단숨에 들이켜니 순간 정신이 번쩍 들었다. 조용히 배낭을 챙겨 메고 경내를 도는데 봉정암은 침묵으로 일관했다.

원하는 것을 다 이루고 싶다는 것은 꿈에 불과하고 가당찮다. 끊임없이 자신을 돌아보면서 비우고 닦다 보면 어렴풋이나마 길이 열릴 뿐이다. 내 통증의 원인도 어쩌면 보고 싶은 대로 듣고 싶은 대로, 믿고 싶은 대로 들어서 자초한 병인지도 모른다. 무아지경에 빠져 다리가 저리도록 기도하는 불자들은 무엇을 얻기 위해서일까. 내가 답을 얻지 못하여 거기까지 간 것처럼 그들도 깊은 밤 산사에서 자신의 진실과 만나기 위해 채찍질하고 있는 건 아닐까. 통증의 실마리는 풀리지 않았으나, 봉정암이 내게 준 위로는 그나마 선물이었다. 하산을 서두르다 아쉬움에 뒤돌아보니 봉정암은 여전히 운무 속에 있었다. 내 통증의 원인이 어디에서 비롯됐고 언제 나을지 모르듯이 끝내 그 모습을 드러내지 않았다.

황제펭귄 몸무게

눈을 잠시 의심했다. 기적이란 이런 걸 두고 하는 말이 아닐까. 지난겨울만 해도 도움 없이 혼자서는 한 발짝도 떼지 못했다. 앞선 사람이 마치 아기에게 손 내밀 듯하면 가까스로 그 손을 붙잡다가도 주저앉았다. 두 사람은 영하의 날씨에도 재활에 힘을 쏟고 있었다.

우리 마을 앞 아치형 다리가 재활운동하기에 안성맞춤이었던 듯 날씨가 나쁘지 않으면 하루도 거르지 않았다. 몸이 불편한 사람은 아직 오십 대로 보이는데 반신불수였다. 그날 재활에 도움을 주던 사람은 멀찍이 떨어져 있고 몸이 불편한 남자 혼자 다리난간을 붙잡고 서 있었다. 힘들어서 잠깐 쉬는 것이려니 하고 옆을 지나치려던 그때였다. "미안하다. 아들, 그만하자"는 소리가 등 뒤로 들렸다. "아버지 조금만 힘을 더 내보세요" 하지 않은가. 재활을 돕는 사람은 물리치료사려니 했는데 부자지간으로 대학생쯤 될까, 아들이 기특했다.

나는 걸음을 빨리하고 다리를 벗어나곤 했다. 그때마다 두 사람은 감사하다는 말을 빼놓지 않아 미안함이 앞섰다. 누구도 내일 일은 장

담할 수 없지 않은가. 아버지와 아들은 운동회 날 친구와 다리를 묶고 함께 달리기하듯 걷다가 넘어지기를 반복해서 안타까웠다. 아버지는 어서 일어서야겠다는 일념 하나로 버티고 있으리라. 하루는 의자에 기대앉은 당신의 불편한 다리를 정성껏 마사지하는 아들의 손을 괜찮다는 듯 슬그머니 거두었다. 부모의 심정이 느껴졌다.

<위대한 모험>에서 아빠 황제펭귄은 영하 사십 도가 넘는 곳에서 엄마 펭귄이 맡긴 알을 삼사 개월 동안 굶주린 상태로 품는다. 땅에 떨어뜨리기라도 하는 날에는 즉시 돌처럼 얼어붙기 때문이다. 그뿐만 아니다. 태어난 새끼가 스스로 체온을 유지할 능력을 갖출 때까지 아빠 황제펭귄은 몰아치는 혹한에 얼어 죽지 않도록 자신의 품에서 지킨다. 그 사이 아빠 펭귄 몸무게는 절반으로 줄어든다. 수분 유지를 위해 최소한의 눈 말고는 먹은 것도 없으면서 쥐어짜듯 토해내 때로 새끼를 살리고 굶어 죽기도 한다. 제프리 무세이프 작가는 인간을 포함하여 황제평귄을 세상에서 가장 부성애가 뛰어난 종으로 꼽았다.

아들이 직장에서 하는 정기건강검진 결과 큰 병원에 가서 정밀검사를 받으라는 연락을 받았다고 한다. 대수롭지 않게 말했지만, 나는 결과가 좋지 않게 나왔을 때를 수없이 가정하다 날이 밝았다. 약을 한 달 치나 처방받았다는 것도 미심쩍었다. 본인이 더 걱정할 것 같아 터놓고 물어볼 수도 없었다. 나날이 가슴만 조여 왔다. 남편은 별다른 반응이 없었다. 다정다감한 아버지도 많건만 내심 서운했다. 달라진

점이라면 퇴근하여 즐기던 술을 입에 대지 않았다. 평소에는 말수가 적어 그렇다 쳐도 산책길에서만은 이야기를 곧잘 나누던 것도 그날 이후 입을 굳게 다물었다.

일주일 후에 결과가 나왔다. 천만다행으로 약으로 다스릴 수 있다고 하지 않은가. 한숨 돌릴 수 있었다. 그 말을 듣고 "정말이야! 다행이다." 남편 목소리가 하늘로 치솟았다. 그동안 입술이 부르터 피가 흐르는데도 남편은 아프다는 말을 한마디도 하지 않았다. 손 쓸 수 없는 병도 많은데 약으로 치료할 수 있다는 소식을 듣고서 거울을 보더니 "언제 이렇게 됐지" 한다. 며칠 사이 몇 년이 흘러간 듯 늙었다. 때로 강철보다 강할 수 있지만, 어느 때는 파리보다도 약한 것이 인간이라고 한다. 남편도 어쩔 수 없는 평범한 아버지였다.

나는 부자끼리 친구처럼 지냈으면 했다. 두 사람은 할 말만 하는 성격이라 위트에도 인색하고 물과 기름 같아서 안타까웠다. 이번에 아들과 아버지는 거센 풍랑 속에서 노를 함께 저어갔다. 무심한 사이로 보였을 뿐, 위급한 상황에서 언제나 먼저 달려간 건 아버지였다. 수십 년을 같이 살고도 남자들의 세계를 내가 몰랐을 뿐이다. 아들이 군대에 가 있을 때다. 부대에서 훈련 중 다쳤다는 연락이 왔다. 우왕좌왕하는 나와 달리 남편은 침착하게 대학병원으로 이송하여 완치하도록 했다. 덕분에 아들은 군 복무를 무사히 마쳤다.

아버지와 아들의 관계를 엄마와 딸처럼 간단하게 설명하기란 쉽지 않으리라. 아들이 아프다는 한마디에 얼마나 속을 태웠으면 남편은 입술이 부르트는 줄 모르도록 걱정했을까. 몸무게도 줄었다고 하더니 딴 사람 같다. 지금까지 겪은 대소사를 보아도 알 수 있다. 어렵고 힘든 일들도 모두 묵묵히 해결해 주었다. 다리 위에서 재활 도움을 받는 아버지의 그만하자는 마음을 조금 알 것도 같다. 당신이 힘들어서가 아니라, 아들이 친구들과 한창 어울려야 할 나이에 당신으로 인해 그 기회를 빼앗아서일 것이다.

이번에 병원 출입하고 나서 아들은 아버지를 좀 더 이해하게 되었는지 훌쩍 성숙해진 듯하다. 황제펭귄의 위대한 부성처럼 아들 역시 제 자식 일이라면 물불 가리지 않는다. '아들아, 세상 아버지는 시대를 불문하고 다 그렇단다.' 나는 혼잣말을 하고 있었다.

수세미

다시 또 가을이다. 밤새 세차게 내리던 비가 그치고 나니 이번에는 바람이 강하게 분다. 창문을 날려버릴 기세다. 머지않아 대지는 긴 겨울잠에 들어가서 봄과 함께 깨어날 것이다. 소멸과 생성은 생명이 있는 한 이 땅에서 누구도 피할 수 없는 숙명이리라.

전원생활의 좋은 점을 꼽으라면 자연과 같이 호흡하는 데 있다고 하겠다. 일부러 찾지 않아도 자연의 색과 소리를 매일 보고 듣는다. 대문만 나서면 각종 식물이 어서 오라는 듯 여기저기서 손짓한다. 딱히 씨를 뿌린 기억이 없는데 흙더미를 헤집고 꼬물꼬물 올라오는 싹이 호기심을 갖게 했다. 어느새 덩굴손은 옆에 있는 은행나무에 손을 내미는가 싶더니 하늘 높은 줄 모르게 뻗어갔다.

소박한 노란 꽃이 오이인가 했는데, 열매가 열리고 보니 수세미였다. 나는 수세미 성장에 더 관심이 갔다. 뻗어간 가지 끝에 곡예 하듯 열매를 맺은 것도 어찌 보면 사람 손이 닿지 않게 하려는 수세미 나름의 생존전략 같았다. 몸체가 단단해서 곤충이 쉽게 뚫지 못한다는 수세미가 가진 효능은 의외로 다양했다. 장염, 천식, 습진, 신경통, 기침 등등 세간에 알려진 대로라면 명약이 따로 없었다. 한창 물오른 수세미에 약효가 있다니 조금은 욕심이 갔지만, 그것 역시도 수세미가 나를 시험하는 것이 아닐까 싶었다.

가을로 접어들면서 나는 수세미에 주던 눈길을 잠시 멀리하게 되었다. 낙엽이 지고 있던 어느 날, 문득 수세미를 올려보다 눈을 의심했다. 예전 푸르던 수세미가 아니었다. 몸의 검은 선을 따라 움푹움푹 들어간 것도 모자라 여기저기 부황 든 피부처럼 변해 있었다. 한여름의 따가운 햇볕과 비바람 속에 열매를 키우느라 얼마나 용을 썼으면 초록 일색이던 몸은 병든 몰골이 되었을까. 끝내는 실오라기 하나 걸치지 않고 가느다란 줄에 곡예 하듯 아슬아슬 매달려 있어 애처롭다. 그러나 늙은 수세미는 완전히 해탈해서인지 자못 의연해 보였다.

그때부터였지 싶다, 수세미만 보면 어머니를 떠올리게 된 것이. 고통의 마지막 신호가 기록되는 곳은 몸이라고 했는데, 어머니는 벌써 몸에서 이상 징조를 느끼고도 자식들에게는 말하지 않았다. 추석 명절에 뵈었을 때 변만 염소 똥 같다는 어머니의 스치듯 하신 말씀에 나는 그저 식이섬유가 많은 음식을 챙겨 드시라는 형식적인 말만 하고 서울 집으로 왔다. 그 당시 바로 병원만 모시고 갔더라도 상황은 달라졌을지 모른다.

"아가 별일 없지야, 그냥 심심해서 너하고 수다라도 떨려고 전화했다. 바쁘면 이만 끊자" 어머니는 먼저 전화를 걸곤 하셨다. 못난 딸의 음성이라도 들으며 적적함을 달래려고 하신 것을 "우린 잘 있으니 걱정하지 마시고 엄마 몸이나 잘 챙기세요." 때로 퉁명스럽다고 여길 정도로 나는 전화를 받곤 했다. 세상 모든 어머니가 다 떠나도 내 어머니만은 영원히 함께하리라 여겼던 것은 아닐까.

고통에서 자유로운 사람은 없다는데, 어머니는 생사의 갈림길에서도 주변에서 평소와 차이를 느끼지 못할 정도로 흐트러짐 없는 일상을 이어갔다. 최대한 자식들에게 폐 끼치지 않기 위해 극심한 통증에도 이를 악물고 내색하지 않았으리라. 어머니 몸은 하루가 다르게 진액이 빠져나가는데도 나는 설마 했던 것은 아닌지. 결국, 119에 실려 도착한 병원에서 더는 손쓸 게 없다는 의사의 말을 듣고서야, 어머니께 해드릴 수 있는 일은 겨우 물수건으로 몸을 닦아드리는 것이 전부였다.

그동안 어머니는 쇠한 기력에도 막내아들 때문에 삭은 동아줄을 잡고 사력을 다하고 있는지도 몰랐다. 태어날 때부터 병을 달고 살았던 막내는 아버지의 의술 도움이 없었다면 자칫 세상에 존재 못 했을 수도 있었다니, 그만큼 어머니에게는 아픈 손가락이었다. 자라는 우리에게 무엇보다 형제간에 우애를 유독 강조하신 것도 당신이 가고 없는 오늘을 대비하지 않았겠는가. 그 뜻을 나는 사는 곳이 다르고 바쁘다는 핑계를 대고 있는 것은 아닌지.

치열하게 몸집을 키우며 오로지 정성을 다했던 수세미는 이제 줄기만 바람에 나부끼어 쓸쓸함은 더해만 간다. 병마가 깃든 육체에 온통 매달린 줄은 마치 어머니의 곡절 많은 슬픔의 기록을 보는 것 같았다. 남편을 하루아침에 떠나보내고, 혹여 아직 뿌리내리지 못한 자식들이 바람에 흔들릴까, 애면글면 하루도 마음 편할 날 없으셨을 어머니, 밤이 되고서야 고단한 몸을 뉘셨다. 이제야 한숨 돌리나 했는데 큰아들 불의의 사고는 어머니를 늦가을 수세미처럼 만들지 않았을까.

바람에 떨어진 수세미를 조심스레 들어 안았다. 뼈대만 남은 몸통 사이사이에서 무언지 모를 팽팽한 긴장감이 느껴졌다. 어머니의 삭정이 같은 육체는 내 손이 닿자 움찔 경직되었다. 한때는 우주도 품은 몸이었다는 게 상상이 되지 않았다. 애잔함에 뜨거운 눈물이 하염없이 내 볼을 타고 있었다. 그게 어머니에게 전달된 것일까. 메마른 돌 틈에서 물이 흐르듯, 어머니의 감은 눈에서 눈물이 흘렀다. 갔다가 다시 오겠노라고 말씀드리는데 이제는 어서 가라는 손짓 대신, 힘겹게 밀어 올린 어머니의 형체 없는 눈빛에서 어떤 맥락도 느껴지지 않았다.

별은 어둠을 통해서만 보인다고 했다. 어머니의 빈자리가 형언할 수 없을 정도로 못내 사무친다. 누구나 본래 자연에서 왔으니 자연으로 돌아가는 이치를 모를 리 없건만, 나는 아직도 수세미를 품에서 내려놓지 못하고 있다.

좋은 습관 길들이기

신발을 버리려고 현관 밖에 내놓은 지 3개월이 지났다. 눈에 띌 때마다 버려야지 하다가 다시 한 달을 끌었다. 앞으로 굽 높은 구두는 신지 않을 것 같은데도 아까워서 실천을 못한 결과다.

옷도 해지지 않은 건 버리지 않아서 옷장에는 십 년에서 삼십 년 된 것도 여러 벌이다. 주방용품이나 가전제품도 마찬가지여서 고장 나지 않는 한 바꾸지 않는다. 편리한 신형이 나와도 우리 집에는 이삼십 년 된 옷과 물건이 수두룩하다. 사용하기 불편하지 않은데 버린다면 그것도 환경오염이라 쓸 수 있는 데까지 쓴다. 옷도 아깝다는 마음이 들 때 수거함에 넣어야 만이 주인을 만났을 때 좋아한다는 데 나는 왜 그 생각을 하지 못했을까.

시골로 이사하면서 자리만 차지하고 있던 책과 물건을 세 트럭 분량은 버리고 왔다. 그런데도 이사하고 보니 협소한 집에는 오히려 짐이 늘어난 느낌이었다. 사들이는 것을 줄이는 수밖에 없지만, 견물생심이라고 그게 쉽지가 않다. 하루는 친구들이 집알이를 하겠다고 몰려왔다. 평소 남다른 감각을 지닌 친구들이라 벗어놓은 신발을 쭉 한 번 살펴보았다. 운동화에서부터 편안한 신발 일색이었다. 옷도 예전에는 몸에 딱 맞게 입었다면 그 나이에 맞는 적당한 차림을 하고 있었다.

나는 혹시 필요하거나 줄 사람이 있으면 가져가라고 조심스레 옷과 신발을 펼쳐놓았다. 신발은 메이커와 상관없이 이구동성으로 편해야 한다는 전재가 붙어 찬밥신세가 되었다. 한때는 신고 나가면 내게 날개를 달아주던 신발이었는데 나이드니 구두 하나 마음대로 신을 수 없다는 게 씁쓸하다. 친구들도 불편한 것은 발이 거부한다면서도 미련은 남아 신어보고 벗어놓기를 반복했다. 젊어서는 발가락이 아파도 하이힐을 잘만 신고 다녔다. 이제 모양보다는 나부터 무조건 편한 것만 찾는다. 나이는 속일 수가 없다더니 맞는 말이었다. 멋에 치중하다가 자칫 넘어지거나 삐끗하여 정형외과 가는 것보다는 백번 옳은 판단이다. 옷은 대충 정리가 되었다. 친구들한테조차 인기 없는 신발은 곧 수거함으로 보내려고 한다.

이렇게 선뜻 버리지 못하는 습관은 풍요롭지 못했던 어린 시절의 영향을 빼놓을 수 없다. 갖고 싶은 것이 많았던 나는 새로운 물건은 언니에게 먼저 돌아가서 불만이었다. 물건에 대한 집착은 그때부터 시작되었던 것이 아닐까. 어려서 욕심이 남달랐다는 말씀을 어머니한테 들은 적이 있다. 이 나이에 활용도 못 하는 물건을 탐해서 뭘 할 것인가. 대신 친정아버지의 영향으로 청결이 몸에 배었다. 외출에서 돌아오기 바쁘게 입었던 옷을 모조리 털어야만 직성이 풀린다. 아버지는 우리가 밖에 나갔다 들어오면 이유여하를 불문하고 옷을 털지 않으면 방에 들어가지 못하게 하였다. 어머니도 마찬가지여서 그거에 대한 불만은 없었다. 위생상도 나쁘지 않았다.

자랑 같지만, 좋은 습관으로 여길 몇 가지가 더 있다. 첫째는 메모다. 작가라면 대부분 그러하겠지만, 메모라는 걸 모르다가 글을 쓰면서 자연스럽게 생겼다. 기억력이 희미해지는 나이가 되고 보니 통화하면서도 적는 건 기본이다. 더러 글감의 기초가 되어주기도 하고 내 허술한 기억력에 도움도 준다. 두 번째는 첫새벽에 일어나면 물 한 잔 마시고 책을 읽는다. 장르는 가리지 않는다. 그 습관은 어느 분이 아침에 눈 뜨면 시 한 편씩 읽는다는 글을 읽고 나서였다. 그분은 새벽에 읽은 시가 머릿속에 남아 자신도 시를 쓰게 되었다고 했다. 나도 새벽에 맑은 정신으로 읽어서인지 그러한 글이 오래 남았다.

또 하나는 운동이다. 운동만이 건강해지는 비결이라고 하니 특별한 일이 없는 한 걷기는 빠트리지 않는다. 밥은 먹지 않아도 배고픈 것을 모르지만, 운동을 거르면 마치 굶은 것처럼 허기를 느낀다. 운동이라야 주변에 있는 강가나 야트막한 산을 산책하는 정도다. 소소한 것 같아 보여도 집에 와 보면 만보는 기본으로 찍혔다. 걷기의 생활화는 메말랐던 감정에도 변화를 안겨주었다. 앞만 보고 급하게 산행만 할 때와는 달리 얻는 것이 많았다.

수많은 이야기를 품었을 백 년이 넘었다는 아름드리 밤나무를 쓰다듬어주기도 하고, 각종 야생화와 눈맞춤하는 것도 잊지 않는다. 밤나무만큼은 아니어도 백발이 성성한 부부가 그 아래에 앉아 도란도란 나누던 모습은 한 폭의 수묵화였다. 나도 그렇게 나이 들고 싶다는 상상을 해보았다. 까투리가 강가에 한가로이 거닐어서 숨죽였던 일도 떠오른다. 걷는 습관을 들이지 않았다면 쉽게 마주할 수 있는 풍경이 아니지 않은가. 근처에 어떤 나무들이 서식하고 있는지조차도 몰랐을 것이다. 산길은 같은 길을 걸어도 매일 새로운 모습으로 상쾌하게 반겼다. 이날까지 성인병 없이 버틸 수 있었던 것도 걷는 습관으로 인하여 그런 보기 좋은 풍경에 감동받은 덕분이리라.

'세살 버릇 여든까지 간다'는 속담이 있다. 사용하지도 않는 것을 쌓아두는 나쁜 습관은 이제부터라도 과감히 버려야겠다. 그러다 보면 언젠가는 좋은 습관만 남게 되지 않겠는가.

셋방살이

남편은 주말을 수십 개의 난(蘭) 관리로 시작한다. 이파리 하나하나 애틋한 눈길로 어루만지는 것을 보노라면 오랜 시간 떨어져 있다 만난 연인 대하듯 손길이 다정하다. 내게는 그리 소소한 관심도 두지 않던 사람이 밥 먹는 것도 잊고 난에 빠져 있다. 나는 난이 얼마나 까다로운 식물인 줄 모르느냐, 자칫 소홀하면 고사시키기 십상이라고 한마디 했다. 남편은 마치 기다렸다는 듯이 아무려면 사람보다 까다롭겠냐며 시큰둥한 대답이다. 자격지심인지 남편의 대꾸가 '당신만큼이야 하겠냐'로 들려서 마음이 편하지 않았다.

그동안 내게 자상하게 대하지 않은 점이 있어도 남편의 성격이려니 하고 이해했다. 난에 쏟는 정성을 보면서 그 생각이 달라졌다. 표현만 안 했을 뿐이지 나에 대한 불만이 한둘이 아닌 것 같았다. 난초에 문외한이기는 해도 꽃을 피우기까지 보통 정성으로는 안 된다고 들었다. 그러한 생각 때문인지 내 눈에는 들판에 풀을 연상할 뿐 특별할 게 없어 보였다. 어떤 매력이 남편의 마음을 사로잡았을까. 일

렬종대로 자태를 뽐내듯 한 난을 곱지 않은 눈으로 바라보는데 색다른 줄기 하나가 화분 숨구멍을 통해서 뻗어가고 있었다. 어쩌다 그곳에 뿌리를 내리기는 했어도 정착하기 여의찮았나 보다. 화분으로는 되돌아가지 못하고 다른 길을 찾으려는 모양새다.

남편의 지나친 난 사랑에 대한 반발심리였을까, 이름 모를 식물에 애정이 갔다. 혹여 난에 지장을 초래한다며 가차 없이 뽑아버리지나 않을까 하여 눈에 띄지 않도록 화분을 돌려놓고 노심초사했다. 그런 마음을 아는지 모르는지, 그 식물은 내 관심 아래 잎까지 달고 한껏 줄기를 뻗어가나 싶었다. 어느 날부터 잎과 줄기에 생기가 느껴지지 않았다. 문득 난 뿌리에 눌려서 스트레스를 받고 있는지도 모른다는 생각이 들었다.

나도 집주인으로부터 집 없는 서러움을 받았던 적이 있다. 결혼할 당시에는 빌라가 드물었다. 부동산에서 새로 지은 빌라를 소개해 둘러보니 주변에 숲을 낀 공원과 재래시장이 있어 마음이 끌렸다. 한 칸의 방은 주인에게 피치 못할 사정이 있어서 짐을 두겠다고 하는데도 우리는 무엇에 홀리듯 계약서를 쓰고 신접살림을 차렸다. 그로부터 삼사 개월 지났을까, 주인 식구들이 무작정 들락거렸다. 사전 양해도 구하지 않았다. 필요한 짐이 있어서 왔다 가겠거니 하고 좋은 쪽으로 생각했다. 차츰 드나드는 횟수가 늘어나더니 슬금슬금 가재도구 등을 들여놓고 베란다에서 살림을 하는 것이 아닌가. 처음에는 내 돈 주고 뭐 하는 건가 싶다가도 집주인이라 모르는 척하고 지냈다.

그런데 같은 공간에서 지내자니 불편한 게 한둘이 아니었다. 어느 날 참다못해 명백한 계약위반이라고 주인에게 따지듯 하니, 내 집에 오는데도 꼭 절차를 밟아야 하냐며 오히려 큰소리를 쳤다. 우리는 처음 계약 조건을 일일이 상기시키며 전세금을 돌려달라 했다. 그제야 미안하다고 하면서 남편과 별거 중이라 급하게 갈 곳이 마땅하지 않아 그랬다고 한다.

하는 수 없이 전세금이 마련되는 대로 돌려받기로 하고 같이 지내기로 했다. 주인 여자의 지나친 친절이 오히려 더 불편했지만 지내는 동안 낯붉히는 일이 없도록 매사 조심했다. 그런데 날이 갈수록 주인 여자의 잔소리가 점점 심해졌다. 시시콜콜 참견하는 바람에 난데없이 호된 시집살이까지 하게 되었다. 심지어 새집에 흠집이 생기면 안 된다고 커튼 하나도 마음대로 달지 못하게 해서 스트레스가 이만저만이 아니었다. 전세금은 차일피일하면서 미뤘다. 돈을 내줄 여력이 없는 데다 주인과 함께 살 집에 오려는 세입자도 없었다. 결국 전세 기한을 채우고서야 겨우 이사를 하게 되었다.

요즘이었다면 집주인이라고 해도 어림없는 행동이다. 예전에는 집 가진 사람들 유세가 하늘 높은 줄 몰랐다. 단독에 세 들었던 내 친구는 수도요금이 지난 달보다 많이 나왔다고 눈치를 주어서 주인이 외출한 틈에 설거지와 빨래를 했다고 한다. 또 한 친구는 주인 여자가 시도 때도 없이 친구네 부엌을 들락거렸다. 새로 만든 반찬을 얻으러 와 넉넉지도 않은데 매번 줄 수도 없어 곤란했다고 한다. 그 시절에는 남의 집에 살면 아이들까지 기를 펴지 못했다. 시끄럽게 하거나 벽에 낙서만 해도 주인 눈총을 받았다.

그때는 하루 빨리 돈 모아 내 집을 갖자는 게 목표여서 앞뒤 돌아볼 새가 없었다. 드디어 집을 갖게 된 그날의 기쁨을 무슨 말로 표현하랴. 아이를 기죽지 않게 키울 수 있고 이사를 다니지 않아도 된다는 게 세상 절반을 얻은 듯했다. 더는 바랄 게 없을 줄 알았는데 그 기쁨은 영원한 게 아니었다. 셋방살이할 때 불편함은 있어도 사람 냄새가 있지 않았나 싶어 그리울 때가 있다. 행복은 집이 있고 없는 것과는 크게 좌우되지 않는 것 같다. 한동안 하늘 높은 줄 모르고 치솟던 집값이 고장 난 자동차처럼 내리막을 치닫고 있다는 소식이 들린다. 하지만 무주택자는 집을 소유하고자 하는 희망을 버릴 수가 없다.

나는 몇 년 전까지 아파트에 살다가 전원에 단독주택을 지어 이사했다. 터가 있고 방이 몇 개여도 우리 부부에게 필요한 건 두 칸이면 된다. 셋방살이한다는 생각에는 변함이 없다. 봄이면 토지세를 내고 가을이면 주인인 지구의 허락 없이 지었다고 건물세를 낸다.

이 세상 떠나갈 때 가지고 간다면 내 집이라고 할 수 있으나 내가 심혈을 기울여 쓴 글 한 편조차 들고 갈 수 없고 모두 있던 자리에 두고 가야 하니 셋방살이하다 떠나는 것이 아니면 무엇인가. 다만 언젠가 자식이 나 떠난 자리에 세입자로 들어와 살지 모르기에 깨끗하게 다독일 뿐이다.

분갈이에 집중하고 있는 남편을 다시 바라보았다. 난석을 적당히 깔고 난초가 편안하도록 앉히는 중이었다. 꽃은 피우지 않아도 좋으니 오래도록 튼실하라고 속삭이는 것처럼 보였다. 나는 이름 모를 그 식물에게 말했다. 너나 우리나 셋방살이하는 것은 같으니 주눅 들지 말라고.

움막

아기 주먹만 한 자물통은 여전히 입을 굳게 다물고 있다. 몇 달 사이에 움막 비닐은 갈기갈기 찢겨 꽃샘바람에 진혼굿 하듯 너울너울 춤을 춘다. 을씨년스럽다. 사람이 거주할 때는 온기라도 돌았는데 화사한 봄이 무색하다. 청년은 어디로 떠났을까. 그래도 이웃인데 인사도 나누지 못할 정도로 피치 못할 사정이 있었나 보다.

우리가 도심 생활을 청산하고 시골인 이곳에 정착해서 보니 바로 옆에 얼기설기 사과 궤짝으로 지은 것 같은 움막이 한 채 있었다. 지나가다 자칫 건드리기라도 하는 날에는 폭삭 내려앉을 것처럼 허술해서 태풍이 불면 걱정됐다. 칠십 년대 산골에나 있을 법한 움막이 마을에 존재하다니 믿기지 않았다. 그집 앞에서는 잘못이 없어도 걸음을 빨리하게 되었다. 한동네에서 무관심하다면 도리가 아니어서 하루는 용기를 내어 문을 두드렸다. 작은 거라도 나누고 싶어서였는데 부재중인지 인기척이 없었다.

어느 날 마을회관 스피커를 통해 부고 소식이 전해졌다. 동네 어르신의 부고인가 하고 귀 기울였다. 뜻밖에도 움막에서 아들과 기거하던 어머니가 전날 밤 갑자기 돌아가셨다는 방송이었다. 나와 비슷한 나이로 건강한 줄 알았는데 하루아침에 날아든 비보였다. 혼자 남은 아들은 강아지와 산책도 하고 꿋꿋해 보여 안심이 되었다. 그때 묵묵히 인사를 건네는 눈빛이 사슴처럼 순했다.

하루는 그가 묵례 끝에 "잠깐 기다리세요" 하고는 안으로 쏜살같이 들어갔다. 그의 음성을 처음 들었다. 무슨 일이 있나 싶었는데 모기향이라고 쓰인 작은 상자 하나를 들고 와서 건넸다. 유통기한은 지났어도 효과는 괜찮다면서 멋쩍다는 듯 치아를 살짝 드러냈다. 뭐라도 주고 싶은데 모기향밖에 없었을까. 시골에서는 필수품이라 특별히 준 것이리라. 배려가 고마웠다. 청년은 이미 마을에서 떠나기로 결심하고 모기향이나마 주지 않았을까. 그런 마음을 나는 한 번도 헤아리지 못했다. 해볼 생각도 하지 않았다. 다만, 지붕이라도 새로 이어줌으로 이웃과 상생하는 길이라고 남편과 의견을 모으고도 혹여 선심이라고 오해하지 않을까, 기회를 살피고 있었다.

마을은 재작년부터 이주 바람이 불기 시작해 공동화되는가 했다. 그건 잠깐이고 동네는 연일 공사로 시끄러웠다. 가뜩이나 움츠려 있던 움막 앞뒤로 건물이 포위하듯 들어서 누구에게나 공평한 햇빛마저도 들어갈 틈을 주지 않았다. 청년은 박탈감을 느낀 나머지 마음을 바꾸게 되었는지도 모른다. 새 건물은 택배회사로 밤낮이 없었고, 젊은 또래 직원들이 수시로 그 앞을 오갔다. 여간해서는 어머니와의 추억이 서린 곳을 두고 선뜻 등지기란 쉽지 않았을 텐데, 서푼짜리도 안 된다는 자존심때문이었을까. 풋풋한 연령대에는 당연히 그럴 수 있었다. 그렇다고 해도 요즘 전 월세는 다락같이 치솟는다. 겨울이 가면 봄이 오듯, 어떠한 환경에도 기어이 꽃은 피어나고 고갯길 넘으면 평지는 나오기 마련이지 않던가. 어머니의 빈자리가 어느 때보다 크게 느껴졌겠지만, 먼발치서나마 힘내라고 응원을 보낸다.

젊어서는 나도 정원 있는 저택을 꿈꾸었다. 친척과 친구들에게 자랑도 하고 싶었다. 어느 정도 나이테가 쌓이면서 집에 대한 의미가 달라졌다. 여행에서 돌아오면 집만큼 편하고 평화로운 곳이 없었다. 넓어서가 아니다. 작아도 마음 놓고 휴식할 수 있어서 좋다. 집은 전시장처럼 누구를 초대해서 눈요기시키는 장소가 아니므로 옷과 신발처럼 따뜻하고 편하면 그만이다. 비바람 막아주는 곳에서 가족과 오순도순 잠을 청하고 밥 먹을 수 있는 보금자리면 충분하지 않던가.

몇 년 사이에 도시 아파트 가격이 폭등해서 이익을 챙긴 건물주와 갭 투자를 하여 시세차익으로 떼돈을 번 졸부도 있었다. 갈 곳 잃고 막막한 세입자도 많았지 싶다. 한편에서는 영끌이다 뭐다 해서 잘못된 젊은이들이 뉴스에 나온다. 대부분 방 한 칸 없어 마지막으로 택한 결정일 수 있다. 요행을 바라고 뛰어든 사람도 없지는 않았을 것이다. 수십 년 산 움막을 미련 두지 않고 떠나버린 청년을 보면서 훗날 나의 뒷모습을 상상하게 된다.

미국의 경제학자이자 사회운동가였던 스콧 니어링(1883-1983)은 죽어가면서 아메리카 원주민의 노래를 읊조렸다고 한다. "나무처럼 높이 걸어라. 산처럼 강하게 살아라. 봄바람처럼 부드러워라." 마지막으로 남긴 이 말처럼 정해진 집이 없는 사람들도 희망을 품고 이 글처럼 살았으면 한다. 지금 우리가 사는 곳이 오두막이든 움집이든 모두 임시거처일 뿐이다.

오늘은 장대비까지 내려서 흠뻑 젖은 움막이 더욱더 초라하다. 마치 우산도 쓰지 않은 그가 서 있는 듯하다. 길고양이도 집주인이 떠난 것을 아는지 구슬프게 울며 비에 젖은 낡은 지붕을 오르락내리락하고 있다.

손금

일본에 사는 동생과 요코하마 차이나타운에 갔다. 중국 음식점 사이로 진풍경이라 할 만큼 이색 간판들이 눈에 들어와서 뭐 하는 곳인가 했더니 손금을 봐주는 곳이라고 한다. 그 무렵 나약해진 심신은 자연스럽게 발길이 그쪽으로 옮겨졌다. 물에 빠지면 지푸라기도 잡는다고 내 고통의 실마리가 뜻밖의 장소에서 풀릴지 모른다는 작은 희망도 있었다. 자리마다 손금을 보러 온 사람으로 만원이다. 나만 답답한 게 아닌가 보다. 남의 불행을 보면서 위로받기도 한다더니 그런 기분도 들었다. 기대를 갖게 했던 것은 모두 진지한 표정을 짓고 있어서였다.

육십 정도 되는 됨직한 여자가 앞에 와서 반갑게 인사를 건넸다. 허리까지 늘어뜨린 머리카락, 당당한 걸음걸이에 범상치 않은 기운이 감돌았다. 우리가 한국 사람인 걸 단박에 알아차렸다. 아마도 여행 왔다가 호기심에 또는 나처럼 답답함에 찾은 사람이 많았던 모양이다. 그녀는 내 얼굴을 민망할 만치 찬찬히 살피는가 싶더니 두 손을 잡고 긴장을 풀어주려는 듯 다정하게 미소 지었다. 억센 느낌과는 달리 깃털을 내려놓은 것처럼 손에서 따스한 온기가 느껴졌다. 그녀는 일상하는 행위였을 텐데, 왠지 내 사연을 다 알고 다독여주는 듯하여 코끝이 시큰했다. 당시 나는 믿었던 사람한테 떼인 금전과 배신으로 밤을 지새우는 날이 허다해서 몸과 마음이 지쳐있었다. 누군가로부터 위로받고 싶었는지도 모른다.

적금을 타던 날 나는 말할 수 없이 기뻤다. 절약하여 생긴 목돈이라 그렇거니와 가고 싶은 여행도 갈 수 있기 때문이다. 호사다마라는 말이 있듯, 지인이 다 알고 부탁하는 것처럼 다급하게 돈을 빌려달라고 했다. 악마는 사소한 것들 속에 숨어있다고 했던가. 단 며칠이라는 것과 이자를 높게 쳐준다는 약속을 철석같이 믿고 거금을 선뜻 건넸다.

드디어 돈을 돌려받기로 약속한 날이 다가왔다. 돈놀이하는 사람도 아닌데 높은 이자를 받아도 괜찮을까. 삼 분의 일만 받아야지 했는데 지인은 일주일이 지나도록 감감무소식이었다. 불길한 마음을 누르며 전화를 걸었다. 먹통이었다. 처음 당하는 일이라 떨리고 황당했다. 설마가 현실이 될 줄은 상상도 못 하고 사정이 있을 거라고 애써 참으며 기다렸다. 하지만 그는 이미 여기저기서 돈을 끌어모아 잠적한 뒤였다. 나는 그대로 땅바닥에 주저앉고 말았다. 사기당한 사람들이 망연자실하다는 게 어떤 심정인지 알 것 같았다. 동생이 돈 잃고 사람도 힘들게 되었다며 며칠만이라도 환경을 바꿔보라는 제안을 해서 바로 여행 가방을 꾸렸다.

다시 그녀는 내 손바닥을 펴서 심산유곡을 따라 들어가듯 조심스럽게 되짚었다. 마치 암벽을 오르듯 하다가 곧바로 계곡으로 내려가는 듯했다. 강한 눈빛이 한곳에 오래 머무르더니 대뜸 스트레스가 쌓였다고 한다. 가정주부가 아니더라도 스트레스 안 받고 살 수 있을까. 점점 기대가 무너져갈 때 갑자기 의미심장한 미소를 보내기에 무엇을 뜻하는 걸까 하면서 숨죽이고 있었다.

그녀가 침묵을 깨고 새끼손가락 끝에 잔주름이 많은 경우는 흔치 않다며 불길한 암시를 주었다. 나는 더 움츠러들었다. 지켜보던 동생이 언니가 요즘 안 좋은 일이 있었다고 하니까 그녀는 마침내 자기의 영험이 입증되었다는 듯, 조금 전 진중했던 모습과는 딴판으로 호들갑을 떨었다. 그이가 자신감을 보일수록 신뢰가 반감되었다. 나는 그간의 긴장이 풀리면서 장난기가 동해 손금도 변하는지를 물었다. 스트레스가 없는 생활을 하면 달라지기도 한다고 애매한 답변을 했다. 그 정도는 누구나 아는 상식 아닌가.

그나마 조상님들 덕으로 이번 고비를 잘 넘기면 앞으로 순탄할 것이라는 말이 기억에 남는다. 인간사의 희로애락이 손금에 달렸다고 믿는 것은 어불성설이지 싶다. 지난날을 돌아보면 저절로 얻어지는 것은 아무 것도 없었다. 나의 노력 여부에 따라 판가름 되었다. 굳은 의지와 가치관이 있을 뿐이라는 것에는 흔들림이 없는데 믿었던 지인에게 배신을 당하고 나니 자존심도 사라졌다. 누가 용한 무속인을 소개해준다면 그가 돈을 가지고 어느 방향으로 갔다든가. 언제쯤 갚으러 올 거라는 희망의 말을 듣고 싶어 많은 복채를 놓고 물어봤을지도 모른다. 손금이 변하기도 한다지만, 정신을 차리고 보니 태어날 때 이미 새겨진 손금에 수십 년 뒤에 일어날 일까지 입력되어 있다는 건 믿을 수가 없었다.

손금 보아준 여인의 말과 행동이 잠시 위로는 돼주었을지언정 가슴 속 응어리는 여전히 그대로 남아 있었다. 어떤 사람들은 성공을 위해 손금 성형도 한다고 들었다. 나는 수상(手相)보다 관상(觀相), 관상보다는 심상(心想)이라는 말을 믿기로 했다. 손바닥을 다시 펴보았다. 부자가 되고 성공하는 선은 부진해도, 내 부모님이 자존감과 가치관을 가지고 살아야 한다고 쥐여주신 선 하나는 선명하게 그어져 있다.

지인을 원망하지 않기로 마음먹었다. 피치 못할 사정이 있어서 잠깐 잠적했다고 생각하니 편했다. 이 정도의 여유를 찾게 해준 건 동생이다. 타국에서 힘든 적이 왜 없었을까. 그때 나는 도움을 주지 못했는데 혹여 이런 손재수(損財數)로 언니가 잘못될까 봐 초대해준 동생이 고마웠다. 이번 여행이 없었다면 아직도 소식 없는 지인을 미워하고 원망하며 늪에서 허우적거리고 있을 것이다. 동생에게 더는 실망을 주지 않기 위해서라도 나쁜 꿈을 꾸었다고 털어버리고 활기차게 살아가려고 한다. 나에게는 자존감과 가치관의 손금이 뚜렷하게 있으니까.

꿈꾸는 감나무

노을을 닮은 노인

오늘따라 유난히 붉은 노을이 구름과 어우러져 수를 놓고 있다. 마치 힘찬 말이 노을 위를 달리고, 어미 악어가 입을 벌리고 있는 형상에 넋이 반쯤 나가 있던 순간, 천지가 온통 주황으로 변하는가 싶더니 강렬한 빛을 내뿜었다.

갑작스런 빛의 공격에 나는 아찔한 현기증을 느끼며 자리에 퍽석 주저앉고 말았다. 하지만 마지막 사력을 다하였기 때문일까, 안온함에 스르르 눈이 감겼다. 그러다 무언지 모를 감정으로 울컥하더니 끝내 눈물이 볼을 타고 흘러내렸다. 요란하게 개 짖는 소리만 아니었다면 땅거미가 내리고 있는 것도 몰랐을 것이다.

서둘러 저녁을 준비하면서도 그 여운이 떠나지 않았다. 건성으로 일과를 마무리하고 커튼을 치려는데 앞집 창문에 불도 꺼져 있고 인기척이 없다. 아직 귀가를 안 하신 건가, 공연히 할머니의 안부가 걱정되었다. 도시와 달리 이곳은 해가 지면 금세 어둑발이 밀려와 앞을 분간하기 쉽지 않다. 그래서 나는 밤이 되면 건너편 창문을 확인하는 것이 습관처럼 되었다. 다행히 창문에 불빛이 새어 나오면 안도하다가도, 어둠에 잠겨있으면 군마음이 앞선다. 팔순 넘은 노인이 혼자 생활하니 그건 당연한 일이지 싶다.

할머니는 매일 활 같은 몸을 유모차에 의지하고 마을 회관으로 나가 홀로 된 노인들의 식사를 손수 장만하여 챙겨드리고, 저녁이면 들어오신다. 그 연세에 하루도 거르는 것을 보지 못했다. 할아버지의 치매 수발도 삼 년 가까이 하셨다는데, 결국에는 요양원으로 모신 지 한 달 만에 돌아가시어 소일삼아 그 일을 하게 되었다고 한다. 할머니는 도시에 사는 자식들이 바람처럼 다녀간 날도 곧바로 마을회관으로 향했다. 우리 어머니도 내가 다녀온 뒤면 수화기 너머 물기 머금은 목소리를 느낄 수 있었다. 그런 어머니의 마음도 내 자식을 출가시킨 이제야 헤아린다.

우리가 이곳 시골에 터를 닦고 정착했을 때 할머니는 무엇보다 주변이 환해서 좋다는 말씀을 빼놓지 않았다. 그동안 적적하였음을 달리 표현한 것이리라. 내가 될 수 있으면 밤에도 불을 끄지 않는 것도 그런 이유가 있다. 여기서 나고 자라 혼인도 마을 청년과 하셨다는 할머니의 이야기는 상상의 나래를 펼치게 했다. 예전 마을 앞 창릉천에는 '해포'라고 불리는 포구가 있었다고 한다. 크고 작은 배들이 마포나루를 거쳐 한강으로 오가는 인적, 물적 중심지였다는 것과 강물이 자주 넘쳐서 장화가 필수품이었다는 것도 할머니를 통해서 들었다. 세월 따라 포구는 사라졌어도, 비 오는 날 넓은 강폭을 보고 있으면 고개가 끄덕여진다. 한강의 밀물은 여전히 교차하고, 지금도 장맛비가 내리는 날이면 강폭에 물이 넘실거려서 그때를 유추해 보는 것은 어렵지 않다. 나는 옥상에서 수시로 강을 마주하길 즐기는데 그러다 보면 인생도 한갓 강물과 같다는 생각이 든다. 앞서려던 마음도 차분해진다.

할머니는 여태 마을을 벗어나 본 적이 없다고 한다. 나는 꿈과 낭만이 고스란히 서렸을 소회를 여쭤보기도 하고, 장난기가 발동해서 짓궂은 질문을 할라치면, 할아버지가 결혼을 안 해주면 당장 죽어버리겠다고 해서 어쩔 수 없이 청을 들어주었다는 대목은, 할머니의 순정이 그대로 전해졌다. 이야기 속에 회한도 적지 않은 것을 보면 누구나 가보지 않는 길에 대한 동경은 나이와 상관이 없나 보다.

나는 이런저런 말추렴으로 할머니의 끝없는 이야기꽃을 어느 선에서 자르고 일어서야 하나 고민할 때도 있지만, 그렇다고 문제 될 것은 없다. 돈이 드는 것도 아니지 않은가. 더구나 이웃에 대한 정이 특별히 따로 있지는 않을 것이다. 그 옛날 말을 타고 신의주를 거쳐 평양까지 오갔다는 역사적인 골목길을 걸어올라, 당시 할아버지와 주로 데이트를 즐겼다는 고목 아래 이르면, 할머니에게도 한때는 빛나던 청춘이 있었다는 것을 증명이라도 하듯, 나무는 여전히 푸른 잎을 달고 추억을 상기시킨다.

오늘 시리도록 눈부셨던 노을이 내내 떠나지 않았던 이유를 조금은 알 것도 같다. 인생의 석양은 누구나 통과 의례처럼 거치지만, 삶의 궤적은 저마다 다를 수밖에 없다. 누군가에게 감동을 물들인다는 것이 쉽지만은 않을 것이다. 미국 배우이자 감독인 가슨 캐닌이 "젊음은 자연의 선물이지만, 노년은 자신이 만든 예술작품이다.(youth is the gift of nature, but age is a work of art)"라고 한 말이 여기에 기반을 두었는지도 모르겠다.

그러고 보면 어르신의 노을은 내가 본 저녁노을과 닮았다는 생각이 든다. 강렬한 빛을 발하면서 무언가 울림을 주는 노을. 조용히 포용하면서 주어진 삶에 순응하며 아름다운 빛을 발하는 그런 노을로 자리하고 있다. 그러니 어찌 잘 살아 내셨다고 느끼지 않을 수 있으랴. 요즘 항간에 '너 젊어 봤냐, 나는 늙어 봤다'는 소리도 결코 웃자고 한 말은 아니리라. 그분들의 지혜만 본받아도 그런 노을을 그려나가는 데 실패할 확률은 줄어들 것이란 무언의 확신이 드는 것은 나 혼자의 생각일까.

가만히 눈을 감아 본다. 가슨 캐닌이 던진 명제가 여운이 되어 감돈다. 이런 생각을 하게 된 것도 머지않아 나도 그 나이에 도래될 때문이 아니겠는가.

원앙침

동숭동 쇳대박물관에서 "조선시대 문양전"이 열렸다. 흙과 나무 그리고 쇠와 천을 이용한 조선시대 세간들을 집중적으로 한곳에 모아 놓았다. 요즘 젊은이들이 보아도 좋을 것 같은 전시였다. 여러 가지 물품을 통해 조선 사람의 정서와 미감을 맛보게 했다. 보는 사람에게 그 취지와 의도가 충분히 배어들었다.

그중에서도 전시장 한쪽에 쌓아놓은 화사한 베개가 눈길을 끌었다. 갖가지 색실로 수놓은 베갯모의 개성과 화려함에 저절로 감탄이 나왔다. 베갯모 마구리에는 서늘한 가을바람을 맞은 국화가 수줍은 듯 고개를 숙이고, 나팔꽃은 이슬을 머금고 영롱했다. 꽃수에서 덩굴은 만대 자손 번창과 가족 간의 결속을 의미한다고 한다. 소나무 위에 학 가족이 원앙과 두 마리씩 짝을 이뤄 금실지락(琴瑟之樂)을 묘사한 방법도 미소를 짓게 했다. 선조들은 자연의 조화로운 모습을 인간의 삶 속에 접목하고 그와 같이 되기를 갈망하면서 수를 놓지 않았을까. 진실한 낭군 만나게 해달라고, 부모님 무병장수

하시라고, 효성 지극한 자식 여럿 낳게 해달라고, 한 땀 한 땀 수놓았으리라.

밋밋한 서양 베개와는 달리 우리 선조들은 고운 색실로 다채로운 문양을 넣어 보는 눈도 즐거웠다. 집 안을 화사하게 꾸몄을 당시 여인들의 지혜가 엿보였다. 베개는 머리를 굄으로써 두뇌를 보호하고 건강과 휴식에 도움을 준다. 생명하고도 직결돼 있기에 세심한 정성이 필요하다. 현대인에게도 베개는 선택을 잘해야만 제대로 된 휴식과 숙면을 취할 수 있다. 높이와 안정감 등 나에게 맞으면 자고 나서도 몸이 가뿐하다. 살 때 심사숙고하는데도 집에 와 사용해 보면 마음에 들지 않을 때가 있었다.

그곳에 전시된 베갯모는 대부분 글자와 그림을 넣고 천에 새겼다. 성별에 따라 문양도 달랐다. 남자는 소나무나 대나무 같은 사군자를, 여자는 새나 나비로 표현하여 그동안 보아온 베개들과는 색다른 느낌이었다. 예전에는 잠자는 동안 좋은 꿈을 꾸도록 기원하고, 그 꿈이 이루어질 수 있도록 주술적인 문양을 중시했다는 기록을 읽었다. 색색으로 장식한 베갯모에 사로잡혀 있으려니 문득 이모가 혼수로 넣어주었던 원앙침이 떠올랐다. 한 쌍의 원앙과 아홉 마리의 새끼 원앙을 베갯모에 수를 놓아서 잘 살아야 한다는 덕담과 함께 내게 주셨다. 시어른께도 며느리로서 책임을 다하라는 부탁의 말씀도 하셨다. 친정어머니는 다복하신 이모에게 혼수 일을 맡기셨다고 한다. 어머니의 그 뜻을 알기에 정성을 기울이셨으리라. 그 이야기를 듣고 결혼해서 행복하게 살아야겠다고 내심 다짐했다.

쇳대박물관에서 집으로 온 나는 오랫동안 장롱 깊숙이 넣어두었던 원앙침을 꺼냈다. 십수 년이 지났어도 세월의 흔적만 살짝 묻은 듯하고 변함없다. 살포시 안았더니 불현듯 이모의 체취가 느껴지는 듯했다. 한결같이 다정다감하시던 분이었는데 하늘로 가신 지도 십여 년이 넘었다. 생전에 나는 그런 고마움을 소홀히 해서 미안함에 코끝이 시큰했다. 베개를 베고 누워보았다. 높고 딱딱함은 그렇다 쳐도 목을 짓누르면서 천장이 빙글빙글 돈다. 신혼 때는 불편함을 느끼지 못했다. 오히려 둘이 베고 누우면 시간 가는 줄도 몰랐다. 살펴봐도 달라진 데가 없다. 몸이 시중에서 파는 베개에 이미 길들었나 보다.

낮아야만 목에 무리가 따르지 않았다. 너무 딱딱하면 목과 척추에 좋지 않다는 전문가의 말에 사들인 것도 몇 개 된다. 장롱에 다시 집어넣으려니 마구리에서 한 쌍의 원앙과 아홉 마리의 새끼 원앙이 나를 쳐다보았다. 큰 잘못도 없었으면서 가슴이 뜨끔했다. 이모의 간절한 소망대로 나는 한 쌍의 원앙처럼 살아왔을까. 다복하게 여러 자녀를 두라고 특별한 수를 놓아주셨는데 아들 하나 달랑 낳았다.

서로 좋아서 한 결혼이라 나도 한 쌍의 원앙처럼 늙어갈 줄 알았다. 하지만 성격이 달라도 너무 달랐다. 이해하기보다는 사사로운 감정이 앞서 냉정과 열정 사이를 얼마나 오갔는지 모른다. 애교가 부족한 내 성격 탓도 있겠지만, 두 손 마주 잡기까지는 오랜 세월이 흘렀다. 사이를 좁히기 위한 목적은 같은데도 나는 무지개를 꿈꾸면서 봄

꽃처럼 살려고만 했고, 남편은 그러한 내 마음을 아는지 모르는지 아랑곳하지 않았다. 다른 사람 말을 들어보면 하나같이 자라온 환경과 성격이 달라서 그렇다고 했다. 그 단순함을 인정하는 데 아까운 세월을 참으로 많이 허비하고 말았다. 영국 사회학자 허버트 스펜서(1820-1903)는 '삶이란 외적 관계에 대한 내적 관계의 끊임없는 조정'이라고 했는데, 나는 모든 원인을 상대방에게 돌렸는지도 모르겠다.

이제는 마음속에서 수시로 불어대던 사나운 바람도 잠잠해졌다. 손녀들의 할아버지 할머니로 나이 들어가는 것도 괜찮다. 작은 풍랑이 있었다고 해도 큰 풍파 겪지 않고 지금껏 왔으니 친정어머니와 이모의 바람에 크게 어긋나지는 않은 듯하다. 이순(耳順)을 훌쩍 넘겨 살아보니 크게 손해 본 것도 이문(利文)도 없는지, 노심초사 간수한 내 삶의 주머니가 무겁지도 가볍지도 않다. 이날까지 무해무득하게 살아온 하나로도 만족하라는 뜻인가 보다. 비로소 평탄하게 사신 이모에게 어머니가 내 원앙침을 부탁하신 깊은 사랑을 알겠다.

청둥오리의 지혜

중계동에서 새로 단장한 당현천을 걷는데 새끼 청둥오리 대여섯 마리가 퇴석층에서 종종거리고 있었다. 하늘은 맑고 얼었던 강물은 풀렸으나 차가운 날씨다. 어미로 보이는 한 쌍은 물속에서 잠수하며 먹이 사냥에 한창이다. 두 다리가 하늘을 향할 때는 마치 수중발레를 보는 것 같다. 아마도 청둥오리 가족이 소풍이라도 나온 모양이다.

잠시 뒤 자맥질을 멈춘 어미 오리는 헤엄쳐서 새끼들이 있는 곳으로 갔다. 그곳에서 이끼를 쪼며 새끼와 어울리는가 했는데, 다시 물속으로 들어갔다. 새끼들이 일순간에 우르르 그 뒤를 따랐으나 물 위에서 폴짝거릴 뿐 날갯짓은 쉽지 않아 보였다. 어미는 절대 서두르지 않고 앞장서서 보조를 맞추려는 듯 서서히 물살만 갈랐다.

햇살이 물결 따라 일렁이던 그때 놀라운 일이 벌어졌다. 녀석들이 날개를 퍼덕거리며 머리를 집어넣고 잠수를 하려는 듯 하더니 어느새 완벽하게 먹이를 낚는 시늉을 한다. 어미는 그런 새끼들이 대견하다는 듯 날개를 접다 펴기를 반복해서 손뼉을 치는 것 같았다. 혼자

보기 아까운 장면이다.

그런데 평화롭던 분위기가 갑자기 술렁거렸다. 어미가 부리를 쳐들고 불안해하자, 새끼들 역시 질서를 잃고 우왕좌왕했다. 둘러보니 까치 한 마리가 주변을 서성이는 것 외에 눈에 띄는 것은 없었다. 잠깐 고개를 돌린 사이 녀석들의 모습이 감쪽같이 사라졌다. 별안간 무슨 일이 벌어진 것일까, 그때 건너편 검불 숲에서 무언가 움직였다. 가보니 새끼들이 옹기종기 모여 앉아 한가로이 먹이를 쪼고 있는 것이 아닌가. 이해할 수 없는 것은 옆에 있는 어미의 행동이었다. 우리 가족에게 언제 무슨 일이 있었냐는 듯, 머리를 외로 꼬고 털 속 깊숙이 부리를 감춘 채 태평스럽게 잠을 자고 있었다.

어미는 섣부른 행동으로 일이 크게 벌어질까 조심하며 일단 새끼들을 안전한 곳으로 이동시킨 뒤 조용해지기를 기다렸던 것이 아니었을까. 내 짐작이 맞았다면 청둥오리는 참 현명하다. 만약 곧바로 새끼들을 보호하겠다고 까치에게 대들기라도 했으면 어떤 불상사가 일어났을지도 모르지 않은가. 즉흥적 행동은 오히려 더 많은 화를 자초할 뿐, 어미는 싸워서 해결될 일이 아니라는 것을 알고 새끼를 급히 피신시킨 것이 아닐까.

싸움은 이긴 자에게도 상처가 남는 법이어서 부질없는 신경전은 벌이지 않는 것이 현명하다. 청둥오리도 그랬다. 까치가 나타나자 위험 신호를 알리고 새끼들을 잠수시킨 뒤 안전한 곳으로 피한 것이라면, 그야말로 오리 체면 구기고 위신이 떨어졌을 수도 있는 일이었다. 까치 한 마리에 겁먹고 피하다니, 그렇지만 싸워 이긴들 뭣하랴. 그런 싸움에 권위 세우고 뽐낸다는 것은 새끼를 보호해야 할 부모로서 할 일이 아니다. 설령 이긴다고 하더라도 그로 인해 새끼 한 마리라도 까치한테 쪼이게 되면 무엇을 위한 체면이고 자존심일까. 우리는 자신에게 조금만 불리하면 서슴없이 날을 세우고 돌이킬 수 없는 상황까지도 마다하지 않는다.

지금은 북핵과 금융 불안으로 복합위기 시대라고도 한다. 동물이나 사람이나 사는 동안 어떤 위기를 맞을지 모른다. 나도 순간순간 불안이 엄습해 올 때가 있다. 그럴 때면 새끼를 살려낸 당현천 청둥오리의 의연하고 지혜로운 행동을 떠올리며 마음을 가라앉힌다.

사기꾼 천국

마트에서 찬거리를 사 들고 집으로 바삐 걸음을 옮기는데 젊은 여자가 가로막고 각종 농산물이 적힌 전단을 주면서 보리쌀 1kg을 받아 가라고 한다. 장바구니에 생물이 있어 곧장 가야 했지만, 공짜라는 말에 그 여자를 따라갔다. 속길 트럭 앞에서 일행으로 보이는 남자가 도착순으로 검정 봉지를 하나씩 나눠 주었다. 선착순이라고 나중에 온 사람은 돌려보내 마치 3등짜리 복권에라도 당첨된 기분이었다.

탁자에는 곡식이 탑처럼 쌓여 있었다. 거기에 모인 사람들은 나처럼 기대에 부푼 표정이다. 먼저 한 남자가 국산 농산물을 쉽게 구분하는 방법 몇 가지를 알려준다고 해서 들어보니 알고 있는 내용이었다. 그때 바로 발길을 돌렸어야 했다. 마음과는 달리 나는 "우리 농산물을 이용합시다"라는 구호까지 따라 외쳤다. 보리쌀을 한 말을 주는 것도 아닌데 안 하던 행동까지 한 걸 생각하면 창피하다. 모두가 앵무새처럼 복창하니 사람들은 우리가 무슨 농산물 캠페인을 벌이는 것으로 알았는지 가던 길을 멈추고 바라보았다.

보리쌀은 언제 주려는지 계속 그런 식으로 시간을 끌었다. 그만 집으로 가야 하나 갈등하던 그때, 지긋한 어르신이 이제 목도 칼칼한데 대체 보리쌀은 언제 주는 거냐고 하자, 성질도 참 급하다면서 끝까지 기다려준 사람에게는 고추장도 주겠다고 했다. 금딱지가 붙은 골드라고 적힌 고추장 항아리가 놓여 있는 것을 보니 거짓말 같지는 않은데 사설이 늘어지니 여기저기서 불만 섞인 목소리가 터져 나왔다. 그러자 이번에는 인삼으로 유명한 지역의 이름을 대며 마지막 홍삼에 대해서 한 가지만 더 알려주고 끝내겠다고 한다.

곧 농협 판매에 앞서 홍보를 위해 미리 선보인다는 점을 특히 강조하면서 티스푼으로 한 사람씩 맛보게 했다. 이 또한 말만 잘하면 공짜로 주겠다며 먼저 옆에 있던 아저씨에게 홍삼을 받게 되면 누가 복용할 것인지를 묻는다. 망설이지 않고 본인이 먹겠다고 하자, 그걸 한 번 크게 외쳐보란다. "몸이 안 좋아 제가 먹겠습니다." 우렁찬 목소리에 웃음이 나왔다. 그만큼 절박하다는 소리로 들렸다. 한 아주머니는 병석의 어머님을 드리겠다고 힘껏 외쳤다. 돌아가면서 웅변대회 하듯 해서 코미디를 보는 것 같았다.

드디어 내 차례가 와서 급한 마음에 "제가 먹으면 안 되나요?" 하고 사정 조로 말했는데 곧바로 질문은 다른 사람에게 넘어가 버렸다. 간절함이 덜했나 보다. 선정 기준은 모호했지만 비교적 목소리가 컸던 세 사람에게 보란 듯 보리쌀과 고추장을 안겨 주더니 손으로 가리키는 곳에 가서 홍삼도 받아 가라고 한다. 그러고는 나머지 농산물을 주섬주섬 치우는 것이 아닌가.

시간만 허비한 것 같은데도 선뜻 자리를 뜨지 못했다. 모두 같은 생각이었든지 오래 기다리게 해 놓고 빈손으로는 갈 수 없으니 어서 약속한 보리쌀과 고추장을 내놓으라고 목소리를 높였다. 그때였다. 어디선가 두 명의 건장한 남자가 나타나 입에 담지 못할 욕설을 하면서 빈 상자를 발길로 걷어찼다. 순식간에 험악한 분위기로 돌변해 더 머물렀다가는 봉변만 당할 것 같아 돌아서는데 한쪽에서 옥신각신하는 소리가 들렸다.

홍삼은 두 병을 먹어야 효과가 있다고, 홍보 기간만 특별히 한 병값으로 두 병을 주는 것이니 이번 기회를 놓치지 말라고 했다. 할아버지 한 분은 우선 한 병만 가져가겠다고 우기시다가 주소를 불러 주는 듯 남자는 빠르게 뭔가를 적었다. 조금 전 그들의 행동을 보고 나서는 믿음이 가지 않았다. 건강이 최고라는 말에 할아버지가 속은 것 같아 걱정되었지만, 설마 먹는 것에까지 장난치지는 않았을 것이라고 자신을 달랬다. 아무리 교묘한 방법으로 술책을 폈어도 애초에 따라가지 않았으면 될 일이었다. 공짜라면 양잿물도 마신다더니 행여나 하는 기대 심리로 나는 그 곳에 있었다는 것만으로도 자존심이 상해 자리를 떴다.

공짜는 선의로 받는다고 해도 신세지는 일이라고 여겨왔다. 어이없는 웃음만 날리며 터벅터벅 집으로 오는데 지난 선거 때 벽보가 붙었던 축대가 눈에 들어왔다. 보리쌀 한 봉지와는 비교도 안 될 정도로 넉넉한 세상을 만들어주겠다고 공약한 얼굴이 떠올랐다. 반신반의하면서 사기는 아니겠지 했는데 결과는 모두 비슷했다.

지난 역사를 보면 진실이 은폐되고 조작되기도 하지 않았던가. 세뇌하고 선동하고 미화한 것으로도 모자랐다. 남을 속여 이득을 취하는 일은 어느 시대나 있었지만, 대부분 정신만 차리면 되는 일이다. 요즘은 보이스 피싱, 카드 피싱, 아이를 인질로 잡아 놓고 거짓 울음을 들려주며 부모의 절박한 심리를 이용하여 돈을 갈취하기도 한다. 서류를 꾸며서 있지도 않은 땅을 팔아먹는 행위 등 수법도 다양해 각별히 조심하지 않으면 안 된다.

그날 나는 무엇에 홀린 것만 같다. 노력도 없이 몫으로 돌아오는 것은 되도록 거부하는 성격이다. 그런데 공짜를 좋아하는 습성이 내게도 많다는 걸 새삼 깨달았다. 원칙을 중요시하면서 살아왔다고 자부하는데 그렇게 쉽게 솔깃해지다니. 비싼 공부를 했다고 위안 삼으려고 한다.

꿈꾸는 감나무

6월의 산야는 초록 물감을 풀어놓은 듯 생동감이 넘친다. 나무들은 키 재기 하면서 하루가 다르게 뻗어간다. 오늘은 작달비까지 내려서 그치고 나면 내가 심은 감나무에도 한층 물이 올라 있으리라.

전원생활을 시작하고 나는 맨 먼저 감나무에 관심을 가졌다. 어린 시절 동무를 보는 것처럼 친근해서였다. 하지만 이곳은 추위가 빨리 찾아오고 늦게 물러가는 탓에 혹한을 견디지 못하고 죽은 것이 여러 그루였다. 가을이면 주변에 감이 탐스럽게 열려있는 것을 보면서 포기할 수 없었다. 다시 해토머리에 양재동 나무 시장으로 갔다. 알려진 대로 나무 종류도 시장 넓이만큼 다양해서 둘러보는 데 시간이 오래 걸렸다. 감나무도 뿌리가 겨우 나온 것부터 열매를 매단 것까지 천차만별이었다. 나는 같은 실패를 반복하지 않으려고 연식부터 살폈다. 2년과 3년 된 감나무 세 그루를 모시듯 가져와 추위를 덜 타게 볕이 오래 머무는 위치에다 이번에는 꼭 살아야 한다며 정성껏 심었다.

아기가 태어나면 백일, 돌을 지나야 하듯 감나무도 3년이란 고비가 있다고 했다. 두 그루는 절기에 맞춰 가지를 뻗어갔다. 한 그루는 달고 있던 잎이 떨어지고 고목처럼 변해갔다. 사람도 주거지를 옮기면 한동안 예전 살던 곳을 그리워하듯 감나무도 그런 것일까. 나무도 폭풍과 태풍, 눈비의 시달림을 이겨내야 쓰러지지 않고 성장을 이어간다. 그런데 나는 매일 저울질하고 있었다. 같이 심은 다른 나무는 꽃진 자리에 열매가 맺혔어도, 한 그루는 무슨 이유인지 소생의 기미가 보이지 않았다. 아픈 손가락이었다.

특질에 따라 늦되는 나무를 본 적이 있어 영양제를 놓아주며 애정을 쏟아도 반응이 없었다. 감나무는 잎을 틔우기 위해 끊임없이 안간힘을 쓰고 있지 않을까. 훗날 손녀들이 감나무를 보면서 할머니를 기억할 수 있기를 바라는 욕심에 나 혼자 서두르고 있는지도 모른다고 생각하며 쓰다듬어 주었다. 그때 손거스러미처럼 손끝에 뭔가가 닿았다. 자세히 보니 갑옷 같은 껍질을 뚫고 움이 트고 있었다. 고맙다는 말이 저절로 나오며 코끝이 시큰했다. 때가 되어야 싹이 나오는 것을, 조급해하던 내가 민망스러웠다.

감나무를 사 오고 얼마 뒤 세 살인 손녀가 갑자기 입원하는 일이 생겼다. 태어날 때부터 체중이 정상에 미치지 못해서인지 병치레가 잦았다. 또래들은 기어 다니는데 발씬거리며 누워만 있었다. 조금 늦된다고 여기고 있던 어느 날이다. 동네 의원을 찾았다가 당장 큰 병원으로 가보라는 의사 소견에 대학병원을 찾았다고 한다. 희소병이라는 진단을 받은 며느리의 울먹이는 목소리가 수화기 너머에서 들려왔다. 위중함이 전해졌다.

연락받고 병실로 들어서니 손녀가 아빠와 퍼즐을 맞추던 손을 멈추고 "할아버지는?" 하고 묻는다. 몸 여기저기 링거 줄을 달고 시든 나뭇가지처럼 활기라고는 없다. 코비드19로 면회가 제한되어 할머니 혼자 온 것을 본 손녀는 아픈 중에도 기특하게 할아버지를 찾았다. 나는 애써 속울음을 감추며 아이를 품에 안았다. 그새 종이 인형처럼 가벼워졌다. 손녀 몸은 불이 달아오르듯 열이 나고 여기저기 멍도 들어 평소와는 달랐다고 한다. 작은 몸집에 아플 데가 어디 있다고, 나는 치료에 아무런 도움도 되지 않는 말만 되풀이하고 있었다.

감나무에 연연했던 것은 친근하기도 하지만, 잘 키워서 달콤한 연시를 손녀들에게 먹이고 싶어서다. 할미의 뜨거운 사랑 표현이랄까. 감나무에 유독 애정을 더 쏟게 되었다. 연둣빛이던 감나무 잎은 한여름이 지나면서 짙은 녹색으로 함치르르하다. 그동안 답답했던 것을 떨쳐내기라도 하듯 해걷이 바람에도 너울너울 춤을 추었다. 이제는 일부러 구멍을 내보려 해도 끈질기다. 사올 때 열매를 달았던 감나무는 도사리로 굴러다녔다.

올해는 자두나무, 뽕나무, 살구나무 등에 흰 망사를 씌운 것처럼 해충이 달라붙었다. 한번 시작했다 하면 초토화하는 것도 모자라, 곁으로 이동해서 나무들을 못살게 굴었다. 감나무는 그 해충도 피했다. 잎이 무성해도 건드리면 지장을 줄까 봐 가지치기하지 않고 그대로 두었다. 가지를 옆으로 뻗어가는 걸 보니 이대로라면 내년에는 열매가 달리지 않겠는가.

죽은 듯이 보였던 감나무가 움을 틔운 것처럼 손녀가 어렵다는 병을 이겨내고 퇴원하여 내 생일 날 우리 집에 왔다. 할머니 생일 축하한다며 종이로 만든 사각 봉지를 내밀었다. 열어보니 어린이 반지와 머리띠, 캐릭터 사진과 토마토소스까지 들어 있었다. 손녀가 평소 아끼던 물건들이다. 손녀를 꼬옥 끌어안고는 공기가 잔뜩 든 포장재처럼 둥실둥실 떠다녔다.

다섯 살인 손녀는 똑 부러지게 하는 언어 구사가 상상을 초래해서 우리를 단번에 웃음으로 몰아넣는다. 연필을 잡으면 뭐든 쓱쓱 그려내 유치원 선생님이 제2의 피카소가 나올 것 같다는 칭찬을 아끼지 않을 정도로 미술에 소질을 보인다고 한다.

삶이란 직선이 아닌 곡선의 길이기에 성장하면서 어떤 난관을 만날지 모른다. 감나무가 욕심을 내지않고 스스로 만족하는 덕목을 지닌 것처럼 손녀도 먼저 상대방을 배려하는 너그러운 성품으로 자라기를 앞으로 힘껏 응원하리라.

작가의 손녀
(수민, 수아)

고양이를 애도하다

개가 뭔가에 꽂혀 자리를 뜨지 못하고 있다. 눈 앞에 펼쳐진 잔혹성을 보는 순간 함께 산책하던 나도 가슴이 철렁했다. 제발 아니길 바랐지만, 불길한 예감은 끝내 적중하고 말았다. 누가, 무엇 때문에 가여운 생명을 이토록 무참히 짓밟았단 말인가.

하루도 거르지 않고 집 앞에 나타나던 길냥이었다. 이틀이 지나도록 밥이 그대로여서 나는 고개만 잠깐 갸웃하고 말았다. 녀석은 몸에 장애가 있어도, 가지 못할 곳이 없다는 듯 사방에서 모습을 드러냈다. 건강한 고양이 못지않게 어깻바람도 넘쳤고 애교도 남달라서 이번에도 그러려니 하고 걱정하지 않았다. 얼마 전에는 다리 하나로 나를 집적대서 웃지 않았던가. 그걸 보고도 아무런 감흥이 없다면 목석이거나 감정이 메마른 사람이리라. 미소 띤 입매 하며 선한 눈빛도 녀석을 사랑하게 했다. 지금도 나는 어디선가 '야옹' 하고 숨바꼭질하듯 녀석이 금방 나타날 것 같아 두리번거리게 된다.

길고양이 대부분은 의심이 많았다. 마주치면 도망가기 바빴다. 녀석도 처음에는 그랬다. 그러거나 말거나 우리 가축과 똑같이 밥그릇을 채워서 대문 앞에 두었다. 몸에 장애가 있는 녀석이라 눈치를 안 보고 배불리 먹기 바랐다. 하지만 소시지 같은 특별식을 주어도 사람이 보이지 않을 때까지 숨어서 눈치를 살폈다. 마치 겁에 질려 있는 주눅든 아이와도 같았다. 다행히 다음 날 아침이면 밥그릇은 비어 있었다.

언제부턴가 먼저 '야옹' 하고 다가오다가도 내가 손을 내밀면 일단 도망부터 쳤다. 도사린 상처 때문인지 단 한 번도 쉽게 곁을 내어주지 않았다. 그럴수록 나는 자극하지 않으려 최대한 몸을 낮췄다. 한결같은 내 행동을 보고 안심이 되었던 걸까. 하루는 "나비야" 하고 부르니 빗장을 열 듯 다가와 슬쩍 장난을 걸듯 했다. 낯가림은 여전해서 반쯤 감긴 눈으로 나른함을 즐기다가 파삭 소리만 나도 금세 달아났다. 내가 외출에서 돌아올 때면 녀석은 동네 어귀에서 기다렸다가 사부랑삽작 집 앞에 다다를 즈음 사라졌다. 내 손에 간식이 없어도 아랑곳하지 않아 오히려 보호받는 느낌이었다.

녀석이 다리 하나가 없는 장애를 갖게 된 것은 변수 많은 야생에서 다리를 다쳤다가 치료 시기를 놓친 것 같다. 그 몸으로 온갖 재롱을 부리고 최근에는 내 사랑을 독차지하다시피 하니 우리 집 개는 물론, 다른 고양이들까지 녀석에게 이빨을 드러냈다. 그런 냥이가 은근히 걱정이 되었다. 그러나 후미진 곳에 널브러진 참혹한 현장이 냥이일 줄은 상상도 하지 못했다. 더구나 정상적인 사람이 한 짓이라고는 의심하지 않았다. 인간의 탈을 쓰고 화풀이 대상을 찾다가 마침 몸이 불편한 고양이를 발견하고 잔인한 방법을 동원한 것 같았다. 그 시간에 나는 무얼 하느라 처절했을 울음조차 듣지 못했을까. 녀석이 내게 마음을 열었을 때 좀 더 따뜻하게 대했다면 죽음까지 내몰리지는 않았을지도 모른다는 생각에 괴로웠다.

톨스토이가 '버림받은 생명도 사랑의 대상이다'라고 한 말을 빌리지 않더라도, 막론하고 생명은 무엇과도 바꿀 수 없다. 이제야 겨우 녀석이 두려움에서 벗어나나 했는데 그렇게 가버렸다. 나는 양지바른 야트막한 언덕에 묻어주고 주변에 만발한 망초 한 다발을 놓고 다음 생에는 동물로 태어나지 말라며 애도를 표했다.

문득 얼마 전 세상을 떠난 가여운 정인이가 떠올랐다. 2020년 서울에서 아동학대로 일어난 살인사건이다. 정인이는 8개월 되었을 때 홀트아동복지센터에서 양부모에게 입양된 아이다. 그러나 양부모의 심한 학대로 16개월이라는 짧은 생을 살다가 그렇게 갔다. 많은 사람들이 안타까워 했고 사회에 커다란 충격을 안겨주었다. 어른들의 잔혹한 이기심이 가여운 생명을 무참히 짓밟았던 것이다. 정인이를 위무하는 꽃송이가 쏟아졌고 생명의 귀중성에 대한 생각을 한번 더 일깨워준 사건이었다.

사람과 동물이 하나의 생명체라면 그 존엄성만을 다룰 수 없지 않겠는가. 한낱 미천한 길고양이의 생명도 우리가 한번쯤 뒤돌아봐야 하지 않을까. 세상 모든 생명체가 더불어 살아가야 한다면 서로를 귀하게 여기고 존중해야 할 것이다. 차마 부르기조차 미안한 이름, 정인아! 어쩌면 "네가 바로 정인이다" 피켓마저도 선행되지 않은 어른들의 이기심은 아닌지. 나를 비롯하여 어른들을 용서할 생각은 아예 품지 말거라. 부디 그곳에서는 행복하기를.

잡힐 듯 잡히지 않는

꽃망울이 맺힐 때쯤이면 젖몸살을 앓듯 한바탕 홍역을 치렀다. 해마다 같은 증상으로 병원을 순례하듯 했어도, 뚜렷한 병명은 나오지 않았다. 의사들은 호르몬 변화로 인해 그와 같은 증상이 나타날 수 있다고 했다. 친구들과 어울리며 되도록 밝게 생활하라는 의사의 권유도 몸이 따라 주지 않으니 힘들었다.

이번에도 통증에 시달리다가 집을 나섰다. 처방받은 약 한 보따리를 들고 병원 문을 나서는데 별안간 서글픔이 밀려들었다. 여태 건강은 그런대로 자신했는데 한순간 나락으로 떨어지다니. 약은 임시방편일 뿐 통증은 전혀 가라앉을 기미가 보이지 않았다. 집에 가서 쉬어야지 하는 생각과 달리 발길은 중랑천으로 향하고 있었다. 자전거를 타고 바람을 가르면 그 순간은 옥죄던 통증이 사라질 것 같았다. 자전거 대여소 문을 열고 들어섰다. 영하의 날씨 때문인지 직원 혼자 무료하게 앉아 하품하다 눈이 마주치자, 얼른 손으로 입을 가리며 "밖에 바람이 많이 부는데 괜찮겠어요?" 한다. 무심히 던진 한마디에 나도 모르게 눈물이 핑그르르 돌았다. 몸이 아프고 나서는 소소한 일에도 눈물부터 나왔다. 심신이 약해진 탓이리라. 재빨리 감정을 추스르고 고맙다는 인사를 건네고는 자전거를 끌고 밖으로 나왔다.

차가운 바람이 옷깃을 파고드는 가운데 무작정 페달을 밟았다. 언제 통증이 있었냐는 듯 모든 세포가 잠잠해지는 듯했다. 어느새 하천 둑은 초록빛으로 변해가고 있었다. 얼마를 달렸을까, 갑자기 물 위에 떠 있던 재두루미와 청둥오리 떼가 일제히 날아올랐다. 잠시 자전거를 멈추고 강을 바라보니 강아지 한 마리가 이리저리 날뛰며 그들을 잡으려고 한다. 덩치 큰 재두루미는 재빠르게 날아가 버렸어도, 작은 청둥오리들은 잡힐 듯 아슬아슬해서 땀을 쥐게 했다. 그러나 뛰는 강아지가 날아오르는 새를 잡는 것은 어림없는 일이었다.

겁도 없이 경중경중 차가운 물 속을 뛰어다닐 뿐, 청둥오리는 곧 잡힐 듯하면서도 약 올리듯 앞서 날았다. 저만치서 한 여자가 강아지 이름을 부르며 숨넘어갈 듯 헐레벌떡 뛰어왔다. 강아지는 여전히 새 쫓는 데 정신이 팔린 상태였다. 청둥오리가 눈에서 멀어지자 강아지는 그제야 혀를 길게 빼며 기다시피 하고 물속을 빠져나왔다. 날아가는 새를 감히 잡겠다고 날뛰다니. 강아지를 보고 있으려니 잊히지 않는 내 인생 한 구간이 떠올랐다. 뜬구름 잡는 사람을 제일 싫어한다면서도 뜬구름 병에 깊이 물들었다가 가까스로 빠져나온 적이 있어 지금도 생각하면 아찔하다. 그러니까 나의 병명을 의사도 최첨단 기계도 찾아내지 못했을 것이다.

어느 날 주식으로 대박 났다는 소문이 주변에서 심심찮게 들렸다. 귀가 솔깃했다. 은행에 그냥 넣어두느니 나도 재미 삼아 소액을 투자했는데 배가 불어났다. 그동안 씀씀이를 줄이며 살뜰하게 모은 내 전 재산이나 다를 바 없는 액수를 대박의 꿈을 꾸며 몽땅 주식을 샀다. 처음 얼마 동안은 그 꿈은 현실이 되는 듯했다. 그러던 어느 날 그 회사의 선박이 태풍을 만나 좌초되는 바람에 태안반도를 기름으로 뒤덮는 사고가 발생했다. 손 쓸 수 없이 주식이 곤두박질치더니 반토막도 모자라 마침내 배가 바다에 가라앉듯 몽땅 신기루처럼 사라졌다. 멀쩡히 속수무책 바라볼 수밖에 다른 방법이 없었다. 누구와 의논하고 저지른 일도 아니어서 혼자 속으로 끙끙댈 뿐이었다. 원인 모를 병은 그로 인해 얻었는지도 모르겠다. 당시는 금방 부자 될 것 같은 뜬구름 병에 사로잡혀 시간 가는 줄도 몰랐다.

전 재산 같은 돈이 사라지는 것은 한순간이었다. 잠시 뭐에 홀린 듯 앞의 현실이 믿어지지 않았다. 젊은 혈기에 원하는 대로 쉽게 될 줄 알았던 나의 욕심은 날개 달린 청둥오리를 잡겠다고 날뛰는 강아지처럼 허둥대다 끝났다. 송충이는 솔잎을 먹어야 탈 없이 산다는 말이 나를 두고 한 말이리라. 자전거를 세워두고 강아지 행동을 보면서 비로소 깨달았다. 내 것이 아닌 것을 탐하며 환경과 먹던 것을 바꾸려고 하다가 병을 얻은 것은 아닌지. 냉정하게 나를 바라보았다. 이 세상에는 잡힐 듯 잡히지 않는 게 많다는 걸 왜 그때는 몰랐을까. 이만큼 무탈하게 살아온 것도 감사한데 무엇을 더 잡으려고 했을까.

오래된 한글 비석

남들은 비교적 강남을 선호하는 데 우리 가족은 강남구에 속한 개포동에서 거주하다가 서울시 노원구 중계동으로 이사했다. 집 뒤에 불암산이 있어 오르다 보면 한결 여유로움을 주었다. 멀리 북한산 인수봉에 구름이 살짝 드리운 날은 운치 있는 한 폭의 진경산수화를 보는 듯했다. 사백여 년 된 우리나라 최초의 '한글 비석'이 있다는 것 또한 자랑거리다. 오랜 세월을 거치며 비바람에 풍화되고 석공의 손길만 남았다. 가까이서 봐도 해석이 어려웠다. 하지만 한글 영비靈碑는, 조선 전기에 세워진 유일한 한글 비석으로 중세 국어와 서체 연구에 귀중한 자료로 그 가치를 인정받았다고 한다.

비석이 원래는 태릉에 있었다. 조선시대 초기에 이문건 공이 돌아가신 아버지의 묘를 지키기 위해 세웠다. 당시 조정에서 능을 만들기 위해 묘가 속한 땅을 강제로 수용해서 이 공은 눈물을 머금고 아버지의 묘를 어머니 묘가 있던 현재 이곳에 합장하였다고 한다. 그는 시묘살이를 하면서 앞으로 다시는 묘가 이장되는 일이 없기를 바라는 염원을 담아 비석에 <신령한 비라 쓰러뜨리는 사람은 재화를 입으리다. 이를 글(한문) 모르는 사람에게 알리노라>는 내용의 경고문을 새겼다. 그런 뒤 자신의 호를 따 만든 묵재집墨齋集에 합장묘를 세운 방식과 묘비를 만든 방법을 일기 형식으로 자세히 기록해 두었다.

주변이 개발되면서 문제가 생겼다. 묘를 이장해야만 공사를 진행할 수 있는데 인부들이 그 경고문에 미리 겁먹고 비석에 손을 대려 하지 않았다. 결국, 묘소는 그대로 두고 길을 내게 되었다고 한다. 왕복 6차로였던 도로는 비석 앞에 이르러 2차로가 되다 보니 뜻하지 않게 사고가 잦은 곳이라는 오명을 쓰는 일이 벌어졌다. 궁여지책 끝에 비석과 묘소를 15미터 뒤로 옮기긴 했어도, 인부들은 이때도 손 대길 꺼려서 공사를 어렵게 진행했다는 후문이다.

비석을 세울 당시 양반들은 한글을 천시했기 때문에 조선 시대에 한글로 비석을 세우는 일은 매우 드문 일이었다고 한다. 그런데도 비석에 한글로 써 놓은 걸 보면 모든 사람에게 경고를 알리기 위함이 아니었을까. 한문을 모르는 하층민을 고려해서 한글 비석을 세운 점은 충분히 이해가 되고도 남는다. 이순신 장군은 나라만 지킬 수 있다면 이 한목숨 버리는 것이 아깝지 않다고 했다. 조상의 혼이 깃든 비석을 지키기 위해 특급지혜를 짜낸 후손의 아이디어가 나는 특별하게 생각되었다. 한글 비문은 결과적으로 목적을 이루기 위한 최적의 선택이었던 것 같다.

쉽게 이해가 되지 않는 부분도 있다. 당시 시대적 정황이 어쩔 수 없었다고 해도 무엇보다 나라 사랑에 앞장서야 했을 양반들이 중국의 한자인 한문만 글인 양 우리의 한글을 천시했다는 점이다. 다만 이문건 공은 당대의 문인이자 명필로, 기묘사화의 소용돌이 속에서도 절의를 지킨 지조 있는 선비 아니던가. 어떤 이유를 불문하고 한글로 비문을 새겼다는 것에 나는 방점을 찍고 싶다.

어찌 되었건 그 협박성 경고문 때문에 강산이 수십 번이 바뀌도록 감히 아무도 손을 대지 못하였으리라. 더구나 오늘에 이르러 우리나라에서 가장 오래된 한글 비석(보물 1524호)으로 문화적 가치를 인정받았으니 이문건 공의 뜻은 이룬 셈이다.

키질

어디선가 까르륵까르륵 기분 좋은 소리가 바람을 타고 들렸다. 어르신들이 주로 거주하는 이곳에서 좀체 듣기 어려운 아이의 웃음소리였다.

하던 일을 멈추고 옥상에서 내려다보았다. 뒷집 할머니가 머리에 수건을 쓰고 텃밭에서 무언가를 까부는데 옆에서 어린 손자가 잠자리채로 날아가는 쭉정이를 잡으려고 이리저리 뛰어다니고 있었다. 휴일을 맞아 부모와 할머니 집에 놀러 온 손자는 보기 드문 키질에 신이 났던 모양이다. 나도 정겨운 광경에 텃밭으로 나갔다. 할머니는 콩을 좀 수확해서 고르는 중이라고 하신다. 농사가 잘되었는지 콩알이 굵고 양도 제법 많았다.

오랜만에 보는 키에 관심이 가서 살펴보는데 할머니는 내가 키를 처음 보고 호기심에 들여다본다고 생각하셨는지, 자랑 섞인 설명을 늘어놓았다. 그게 하찮아 보여도 오 남매 학비에 일조했다며 유독 말에 힘이 들어갔다. 그해 수확한 콩으로 자식들 학비를 조달했다니 왜 아니 그러겠는가. 할머니의 2남 3녀가 각자 위치에서 잘살고 있는 것도 그러한 숨은 노고가 있었기에 가능했으리라. 시집와 얼마 지나지 않아 장만했다는데 몇 군데 낡기는 했어도 그 세월을 거쳤다고 하기에는 양호한 편이다. 시골에서 무엇을 까부를 때 없으면 안 되는 도구이기에 애착이 가는 만큼 관리에도 신경 쓰지 않았겠는가. 싸르륵 싸르륵 다시 시작된 할머니의 키질 소리에 불현듯 옛 생각이 났다.

친정어머니는 장단을 맞추듯 '쉿 쉬' 휘파람 소리를 냈다. 나중에 알고 보니 그건 장단이 아니라 힘들어서 내는 소리였는데, 그때 나는 영문도 모르고 재미있어 따라 했다. 기계처럼 키질의 속도와 휘파람 소리에 맞춰 알곡만 키 안쪽에 고스란히 남게 하는 어머님만의 특별한 기술을 넋 놓고 보았던 기억이 난다. 나도 한번 도전해 보고 싶었다. 할머니께 양해를 구하고 키를 넘겨받았다. 손잡이가 반들반들했다. 언뜻 쉬워 보이던 것과 달리 시작과 동시에 콩이 사방으로 튕겨나갔다.

덜었다 넣기를 반복하면서 자세를 바로 해도 분리는커녕 더 섞여 버렸다. 등에서 식은땀이 흘렀지만 오기가 생겼다. 그럴수록 진정되는 것이 아니라 망쳐놓을 것 같았다. 아무나 하는 게 아니구나 싶었다. 마지막으로 호흡을 가다듬고 시도하던 끝에 놀랍게도 쭉정이와 콩이 나뉘었다. 드디어 해냈다는 성취감이 들며 속으로 기뻤다. 된장과 간장, 고추장을 만들 때 없어서는 안 될 중요한 재료가 되는 콩의 쓰임을 생각하면서 반복적으로 학습하니 결과로 연결되었던 것 같다.

할머니나 어머니가 키질에 능숙했던 것도 자식 농사짓듯 정성으로 농작물을 대했기 때문이리라. '짓는다'는 대상에 내 생각과 자아를 결합해서 생명을 불어넣는 행위여서 절제된 겸손함 없이는 만들어지지 않는 것 같다. 그렇듯 곡식을 키에 담고 끝을 위아래로, 좌우로 흔들어 티나 검불 따위를 날려 보내는 작업은 경건했다. 땀으로 키운 낟알 하나라도 흘려버리지 않으려 식량을 귀하게 여기는 알뜰함이 몸에 배어 있었다. 영화 역린(逆鱗)에서 보면 정조가 아끼는 신하 '상책'이 중용 23장을 읊는 장면이 나온다. '작은 일도 무시하지 않고 최선을 다해야 한다. 작은 일에도 최선을 다하면 정성스럽게 된다.' 바로 그거였다.

내가 키질해보고 싶다고 할머니께 부탁드렸던 것은 추억이 떠올라 가벼운 호기심으로 시작했을 뿐 최선을 다하지 않았다. 손수 지은 농작물도 아니어서 정성이 들어갔을 리는 더더욱 없다. 할머니와 어머니가 키질이 능수능란하셨던 것도 리듬이나 박자 때문 아닐까 생각했는데 그건 착각이었다. 당신들의 앉은키보다 큰 키에 곡식을 담고 서서 또는 쪼그리고 앉아 무거운 것을 앞뒤, 좌우로 흔들어야 하는 작업이니 힘들어서 저절로 나오는 하나의 추임새였다.

그분들은 콩알 반쪽도 소중하게 다루었다. 중용 23장 나머지 대사는 이렇다. '오직 세상에서 지극히 정성을 다하는 사람만이 나와 세상을 변하게 할 수 있는 것이다'라고. 여자들의 삶이 나아질 수 있었던 것도 사물을 살피고 헤아리며 살아오신 할머니, 어머니들의 지혜와 알뜰함의 결과일 수도 있다.

앞으로 나도 튼튼한 키 하나 마련해 두고 텃밭에서 거둔 잡곡을 까불러볼까 한다. 지금은 어설프지만 정성으로 거둔 곡식에 섞인 검불들을 골라내다 보면 몸과 마음이 스스로 정화되지 않을까. 내 미숙한 삶의 키질에 그동안 멀어진 이웃이나 친구가 없는지, 우연히 아이의 웃음소리에 끌려 텃밭에 나가서 뜻밖에 삶의 지혜를 거두었다.

동물에게도 미안할 때가 있다

꼬꼬고, 설핏 닭 울음에 잠이 깨어 시계를 보니 새벽 4시 20분이다. 평소와 다른 소리에 서둘러 겉옷을 걸치고 닭장에 갔다가 뜬금없이 웬 병아리들이 돌아다녀 깜짝 놀랐다. 댓바람부터 낯선 놈 출현에 닭들도 잠을 설쳤는지 횃대에서 내려와 병아리 뒤를 쫓고 있었다. 처음에는 암탉이 몰래 감춰둔 알을 부화한 것인가 했다. 녀석들이 그러기에는 제법 크다.

날이 밝은 다음 자세히 보니 누군가 도심에서 키우다 감당이 안 됐던가 보다. 닭장 앞에 소쿠리가 나뒹굴었다. 작아도 생명인데 귀찮다고 공터 같은 곳에 버리지 않은 것만으로도 천만다행이다. 문제는 현재 가축만도 벅찼다. 그냥 기존 닭과 같은 공간에 두었더니 두 마리나 다음 날 죽어 있었다. 병아리를 눈엣가시로 여기고 마구 쪼아 댄 것 같았다. 임시로 만든 닭장에 따로 분리하고 고민하던 중 퍼뜩 한 여인이 떠올랐다.

그녀라면 받아주지 않을까. 전화를 걸어 사정을 얘기하니 "그래요?

갑자기 대가족이 생겨서 경사네요." 조금도 망설이지 않고 답이 명쾌해서 기뻤다. 저녁 무렵 병아리를 상자에 담고 그녀 집으로 향하는데 녀석들이 고개를 밖으로 내밀며 갸우뚱거렸다. 또다시 갈림길에 내몰린 것을 알기라도 하는 것처럼 불안한 눈빛이었다. 이번에는 주인이 확실해서 앞으로 그런 걱정은 안 해도 된다고 위로하듯 나 혼자 중얼거려 봐도 애잔함이 가시지 않았다. 녀석들을 받아줄 사람이 있다는 것이 그나마 걸음을 가볍게 했다.

대문이 활짝 열려있어 안으로 들어선 우리를 그녀가 기다렸다면서 반갑게 맞아주었다. 조심스레 상자를 내려놓는데 "걱정하지 마셔요. 애들도 제가 잘 키워볼게요." 그녀 집에 당도하기 전까지 잘한 결정인지 갈등했던 마음이 순식간에 녹아내렸다.

우리 개가 새끼를 낳아 입양 보낼 곳이 마땅치 않았을 때도 그녀가 선뜻 길러보겠노라, 받아주어서 걱정을 덜 수 있었다. 녀석들은 그새 통통하게 살이 올라 내가 힘들어서 입양 보낸 것도 잊었는지 보자마자 장난을 걸어왔다. 가슴이 뜨끔했다. 버렸다고 외면하거나 원망이 앞서 물지 않을까 조심스러웠다. 꼬리가 떨어질 정도로 흔들면서 반가워하다니. 더구나 옛 주인이랍시고 내민 손을 핥기까지 하니 미안한 마음을 거둘 수가 없었다.

지난해 마을에 목줄 없이 다니는 개가 있어 위험하다는 생각에 알아보니 대부분 그녀 집에서 키운다고 했다. 우연히 그녀를 만났을 때 목줄을 부탁하자, 모르는 개인데 비쩍 마른 채 집 주변을 맴돌기에 몇 번 밥을 챙겨주었다고 하지 않은가. 인정에서 비롯된 오해였다. 남의 말하기 좋아하는 인간관계에서 확실하지 않은 일을 주변 말만 듣는 것은 자중해야 했다. 이해심 많은 그녀 덕분에 다행히 우리는 웃으면서 헤어졌다.

당시 우리 집에는 개가 새끼를 세 마리나 낳아서 새로운 주인을 찾던 중이었다. 마침 그녀라면 부탁해도 괜찮겠다 싶어, 한번 키워볼 의향이 있는지를 물었고 흔쾌히 두 마리를 받아주어 서로 가까워진 계기가 되었다. 나는 병아리도 강아지처럼 건강하게 자라주길 바라면서 집으로 돌아왔다. 사람도 기꺼이 상대방의 입장에서 공감해 주면 행복을 느끼듯 동물도 다르지 않아서 병아리와 강아지가 따듯한 주인을 만난 것은 행운이었다.

동물을 키우다 보면 뜻하지 않는 일이 일어나서 발을 구른 적이 한두 번 아니다. 그중에서도 5년 동안 동고동락하던 성견이 목줄을 끊고 자취를 감춰버린 일은 지금까지도 아른거린다. 전단을 돌리고 사방을 샅샅이 훑었는데도 끝내 못 찾고 말았다. 아파트에서는 식구들의 사랑을 독차지하다가 전원으로 와서는 돌볼 가축이 많아 녀석을 등한시한 면이 없지 않았다. 언제부턴가 저녁에 약간만 늦어도 토라져 아는 체를 안 했다. 요 녀석은 그동안 일편단심 기쁨만을 주고 사라졌다. 좀 더 신경 써주지 않아 생긴 일 같아서 영 마음이 좋지 않았다.

할 말이 없기는 닭에게도 마찬가지다. 힘들여서 낳은 분신을 기다렸다는 듯 꺼내 가서 얼마나 얄미웠을까. 피가 나도록 쪼고 싶어도 밥을 챙겨주는 주인이라 차마 묵인했는지 모른다. 하루는 닭장으로 들어서니 빤히 독을 품듯 노려보아서 빈손으로 곧장 나오지 않았던가. 그때 문득 깨달았다. 녀석들을 정성껏 돌본 것은 계란을 빼앗아 보신하기 위함이고 개 또한 영특해서 집도 지켜주고 온갖 재롱을 부려서 아니었나. 그 모두는 나를 위한 도구로 여겼을 뿐, 녀석들을 위한 것은 아니지 않은가. 어미가 애면글면 낳은 새끼를 기르기 버겁다고 갈라놓은 것도 서슴지 않고 자행했다. 동물을 키우고 있는 한 이런 일이 반복되리라.

앞으로 나는 우리 가축들한테 언제까지 상처를 주고 미안해하면서 살아야 할까.

기억의 터

물길

다다다닥 오늘도 굴착기 소리가 온 마을을 통째로 집어삼키고 있다. 이백여 년 된 가옥이 무너지는 데 채 이십 분도 걸리지 않았다. 굴착기는 승리의 함성을 지르듯 점점 기세를 높이더니 안채와 담벼락을 차례로 무너뜨렸다. 저 협소한 터에서 여섯 식구가 살았다는 것이 믿기지 않는다. 돗자리 대여섯 장 정도 땅이면 되는데 우리는 왜 더 갖지 못해서 안달일까.

마을 사람 대부분은 그동안 약간의 자릿세를 내고 남의 문중 땅을 빌려 이곳에 집을 짓고 조상 대대로 살았다고 한다. 도심과도 멀지 않은 지리적 특성까지 더해서 개발 붐은 땅값을 하루가 다르게 치솟게 했고, 받는 자릿세에 비해 세금이 폭등하자, 문중에서 결국 땅을 매각하기에 이르렀다. 딱지를 나눠주며 하루아침에 집을 비워달라는 통보에 동네 사람들은 그마저도 놓치고 나면 누울 자리 하나 마련하지 못하고 쫓겨날까, 전세금도 안 되는 액수를 받고 떠났다. 세입자만 피해를 고스란히 떠안은 셈이다.

마을이 정적에 휩싸인 것도 잠시, 곧바로 위임받은 권력이 굴착기를 앞세우고 포효하듯 요동쳤다. 끝내 참았던 눈물인지 담벼락 모과나무에서 노란 모과가 후드득 떨어져 내렸다. 굴착기는 굶주린 사자가 먹잇감을 앞에 둔 것 마냥 탐욕스럽다. 순순히 끌려가지 않겠다는 듯, 철근이 서로 엉켜 발버둥 쳐보지만, 거대한 힘 앞에서 그만 무릎을 꿇었다. 전쟁의 폐허가 따로 없었다.

이곳이 좋았던 이유를 꼽는다면 꾸미지 않은 소박한 시골의 정취였다. 여름이면 온 가족이 평상에 둘러앉아 오순도순 이야기꽃을 피우며 정겨움을 나누던 모습은 어릴 적 향수를 불러오곤 했다. 이제는 마땅히 눈 둘 곳이 없다. 동식물도 공사로 인해 앉은 벼락을 맞았다. 습지가 서식지인 고라니와 꿩 등이 거처를 잃고 헤매다가 대낮에도 몸을 드러냈다. 며칠 전에는 참게가 엉금썰썰 집 안으로 기어들어 왔다. 오늘은 얼마나 절박했으면 뱀이 여기가 어딘지 알고 강아지 옆에 겁도 없이 똬리를 틀고 있었다. 순간 나는 뒤로 넘어질 뻔했다. 앞으로 개발이 가져다준 이익이 더 크다고 해도, 속절없이 자연을 잃고 말았다는 생각만으로 밤잠을 설쳤다.

호주는 태즈메이니아 섬 원시림 숲을 지키기 위해 육십 미터가 넘는 나무에서 기거하며 7년 동안 벌목회사와 싸워 이긴 사람들이 있다. 그들은 무장 경찰을 앞세운 불도저가 들어오는 날은 곡을 연주하며 춤을 추기도 하고, 끝내는 소리 내어 울면서 매달렸다. 감옥으로 끌려가고 캠프 또한 불태워졌어도, 세상에는 또 하나의 삶이 존재한다는 것을 알리기 위해 노력한 결과, 유네스코가 그 숲을 세계유산으로 지정했다고 한다.

우리 집 앞에는 창릉천이 흐르고 손에 닿을 듯 행주산성이 있다. 저 멀리는 한강이 손짓하듯 한다. 창릉천은 현재 샛강처럼 보이지만, 예전에는 배가 드나들던 포구로 넓은 강이었다. 산과 맞닿아 지금의 동식물 서식지로 탈바꿈하는 데 한몫을 했다고 본다. 오랜 시간의 결과물이다. 이사하고 눈앞에서 까투리와 고라니가 강아지처럼 주변을 뛰어다니며 노니는 풍경은 경이로운 신세계였다. 수크령, 꽃창포, 맥문동 등 주변에서 쉽게 접할 수 없던 각종 식물의 보고도 눈을 뗄 수 없게 했다. 꽃 곁에 있으면 향기에 취하게 되고 햇살 아래 서면 온기가 전해지듯 그들 생명체에 나도 모르게 경의를 표한 것이 한두 번 아니다.

이미 예견된 일이었던 듯, 마을 사람들이 떠나고 때맞춰, 인부들은 넓은 강을 야금야금 갈아엎었다. 올해는 우거진 습지를 밀어낸 자리에 인공섬을 만든다고 흙을 퍼 나르느라 야단법석이다. 동식물들은 속수무책으로 터전을 잃고 어디론가 사라져버렸고, 내가 경의를 표하던 야생화도 무지막지한 굴착기에 희생되었다. 질주하는 변화 앞에 속수무책 바라만 보다, 공사에 열중인 인부들에게 따뜻한 음료로 아부 아닌 아부를 해보아도, 나라의 지시에 따를 뿐이라는 데 할 말이 없었다.

재앙의 징후는 조금씩 실체를 드러냈다. 며칠 전 겨울 비치고는 제법 많은 장대비가 쏟아지자, 지금껏 끄떡없던 둑 위로 강물이 금세 넘실거렸다. 인공섬에 연꽃을 심어 사람들이 구경하도록 개방한다지만, 돌린 물길의 영향이 어디까지 미칠지 걱정이 앞선다. 인공섬이 없을 때도 색다른 풍광을 사진으로 남기기 위해 평일에도 사람들 발길이 끊이지 않던 곳이다. 또한 연말이면 도심 가까이서 소박한 해돋이를 보기 위해 모여들었다. 자연 그대로는 성에 차지 않았던 것일까. 마치 수백 년 된 뿌리 깊은 나무가 한순간 뽑혀 나간 듯 허전하다.

자연은 벌거벗는 몸과 마음을 끌어안은 사람만이 누릴 권리도 있다고 했다. 인공은 제아무리 꾸민다 해도 자연을 능가할 수 없다. 돈으로 매수할 수도, 권력으로도 호령할 수 없는 것이 자연이다. 강물은 순리를 따르며 아래로 흐를 때라야 넓은 바다에도 무사히 도달한다. 인위적으로 돌린 물길은 언젠가는 부작용이 따르기 마련이다. 마을 사람들이 속절없이 떠나게 된 것도, 동식물이 길을 잃고 헤매는 일도 그와 무관해 보이지 않는다.

나도 물길을 돌린 책임에서 자유롭지만은 않다. 전원으로 이사한 것부터 어찌 보면 공범 아닌가. 과연 인간이 자연을 말하며 물길을 막을 권한이 있는지 돌아볼 일이다.

지지대

내 생일이라고 집으로 아들, 며느리, 손녀 둘이 일찍 왔다. 이른 시각에 와 준 것도 고마운데 미리 장만해온 음식으로 상이 넘치도록 차렸다. 맛깔스런 음식을 보노라니 시어머니의 생일이라고 신경 쓰느라 잠도 설쳤을 며느리에게 미안했다. 지금껏 있는 듯 없는 듯 지나갔던 내 생일이 며느리가 들어오고부터 달라졌다.

아들과 며느리가 결혼한 지 벌써 9년이 되었다. 한결같아서인지 그 세월이 지났다는 것이 마치 꿈같다. 올해 여덟 살과 여섯 살인 어여쁜 손녀가 나를 할머니라 불러주는데도 실감 나지 않았다. 부모의 노파심은 끝이 없는 걸까. 아들은 모범생에 가까웠어도 결혼하기 전에는 물가에 내놓은 아이처럼 늘 불안했다. 요즈음 젊은이들은 홀로서기 힘들다며 캥거루족이 많다는데 우리 아들도 품 안에서 떠나지 않으면 어쩌나 걱정했다. 그건 엄마의 착각이었다.

어느 날 출근하려다 말고 부모님께 소개할 여자 친구가 생겼다고 해서 반신반의하지 않을 수 없었다. 허툰 소리 하는 아이가 아닌데도 처음에는 농담으로 알았다. 같은 직장 선배가 소개해서 만났다고 한다. 부모 품 안에서 언제까지 지낼 줄 알았는데 어느새 장가들 나이가 되었다는 정도로 생각하고 기대하지 않았다. 하필 처자를 보기로 약속한 날 나는 감기몸살을 앓았다. 그렇다고 중요한 선약을 물릴 수 없었다. 감기약을 복용하고 나갔다.

약속 장소에 먼저 도착하여 남편과 나란히 앉아 있는데 둘이 다정히 손을 잡고 들어왔다. 순간 눈이 번쩍 띄었다. 아픈 것도 핑계처럼 사라졌다. 인연은 따로 있다더니 첫인상이 내가 평소에 그리던 모습이었다. 아들이 갑자기 의젓해 보였다. 자식에 대해서는 무엇이든지 엄마여서 잘 안다고 자신했는데 내가 그동안 점수를 너무 박하게 주었던 것 같다. 나는 어떻게든 결혼까지 성사시키고 싶어 다소 수다스러울 만큼 말을 많이 하고 있었다.

내 시어머니와의 첫 만남이 그랬다. 친절하셨고 허심탄회한 대화에 마음이 끌렸다. 아들의 여자 친구도 그렇게 받아들였으면 하는 심정이었다. 애들이 연분이 닿지 않아 여기서 멈춘다 해도 솔직한 것이 옳기에 말을 이어갔다. 결혼이 성사된다면 부귀영화까지는 아니어도 너희를 편안하게는 해 줄 것이라고도 했다. 어디에서 마음이 통했는지 삼 개월 뒤 양가의 상견례를 하고 이듬해 드디어 며느리를 맞이하는 결혼식 날 나는 천하를 얻은 기분이었다.

지금 세상은 시어머니가 아들 집에 자유롭게 들락거리면 싫어한다고 한다. 그러나 집안일에 아이 둘 키우려면 늘 종종걸음 할 것 같아 며느리 집에 가는 날은 간단한 반찬 등을 챙긴다. 이미 길들여진 친정엄마 손맛에는 따를 수 없을 텐데도 며느리는 내가 만든 음식이 맛있다고 했다. 나는 며느리에게 혹여 어느 날 무슨 일이 닥치면 내 살림에 대해서 흉보지 않았으면 좋겠다고 유언처럼 말하곤 한다. 딸은 흉허물이 덜하겠지만, 나는 딸이 없으니 며느리에게 농담처럼 미리 말해두는 것이다. 누구도 앞일을 알 수 없지 않은가. 그러면 '어머니' 하고 짧게 대답했다. 그 한마디 속에 많은 뜻이 내포되어 있음을 안다. 이제 우리 내외 건강하고 아들네 가족 화목하면 더 바랄 게 없다면서도 도움을 줄 게 어떤 것이 있을까 하는데 문득 텃밭 덩굴식물의 지지대가 떠올랐다.

해마다 우리 집 텃밭에는 오이, 참외 등이 자란다. 처음에는 농사를 어떤 식으로 지어야 하는지도 몰랐다. 남들이 하는 걸 보고 지지대를 세워주었더니 그대로 두는 것과 결실이 달랐다. 식물이 지주를 어떻게 감지하는지 며칠 지나지 않아 암팡지게 붙잡고 안정감 있게 꽃을 피우는가 싶었는데 금방 열매를 매달았다. 그걸 보면서 나도 아들과 며느리에게 지지대가 되어주고 싶었다. 그렇게 하지 않아도 지금처럼 알아서 잘 살겠지만, 부족한 대로 육십 년 넘게 풍파를 경험하면서 얻은 생활의 지지대를 세워주면 그 또한 도움이 되지 않겠는가. 그러다 나약해져서 내 몸을 마음대로 쓸 수 없는 날이 온다면 그때는 아들과 며느리가 나의 지지대가 되어주지 않을까, 살면서 좋은 것만 보여주고 싶은 것이 부모들의 소망이리라. 어두운 표정은 누구한테도

들키기 싫지만, 혹시 아들과 며느리가 보게 된다면 나이 드니 공연한 일로 서글퍼지는 날이 있다는 걸 이해해주면 고맙겠다.

이런저런 회상에 빠져 있는데 며느리가 '어머니?' 하고 부르며 생신 축하드린다고 한다. 꽃이 예쁘다 해도 인화(人花)만 못 하다는 말을 듣던 날은 설마 했지만 사실이었다. 손녀들이 '할머니, 할머니' 하면서 따라다니고 며느리가 '어머니' 하고 부르는 순간 꽃잎이 화르르 피어나는 것처럼 기분이 날아갈 듯 기쁘다. 모든 것이 나를 위해 존재하는 것도 같다. 우리 부모님의 어제가 오늘의 나를 있게 하였듯이, 나도 우리 아이들의 풍요로운 미래를 위해 어떤 역할을 해야 되지 않을까. 머무르지 않아서 서글픈 것은 잠시일 뿐이다. 내 가슴에 벌써 초록빛의 내일이 어른거린다. '그래 운동도 열심히 해서 건강하게 오래도록 너희의 지지대가 되어주마.'

아버지의 가방

아버지는 외로운 등대였다. 망망대해를 향해 사계절 홀로 서서 나가고 들어오는 배들이 위험하지 않게 불을 비춰주는 등댓불이었다.

심장마비로 하늘나라로 가신 지 십수 년이 지났어도, 어려운 환자에게 헌신하던 모습이 선하다. 그해 여름은 유난히 늦더위가 기승을 부렸다. 정원 유실수들이 시샘하듯 실하게 맺을 즈음이었다. 자식들은 철부지였고 하루아침에 가장을 잃은 어머니의 슬픔을 무엇에 비유하랴. 그날도 여느 때와 다름없이 환자를 돌보고 화장실에 갔다가 쓰러지신 걸 뒤늦게 발견하고 응급조치했지만, 소용없었다. 날벼락이었다. 하루도 쉬는 날 없이 위급한 환자가 생기면 한밤중에도 먼 길을 마다하지 않으셨으니 과로가 누적되었던 것 같다.

요즘은 소도시에서도 응급을 다툴 때 연락하면 구급차가 신속하게 달려온다. 그때는 교통이라야 간혹 다니던 버스 한 대가 전부여서 끊기면 아무리 먼 곳도 걸어서 왕진을 다녀오셨다. 농산물이 치료비를 대신하기도 했고 그마저도 형편이 안 되면 다음을 기약할 정도로 누구나 어렵던 시절이었다.

아버지의 기일이 돌아와 친정에 갔다. 다락에서 아버지의 생애가 담긴 손때 묻은 황토색 가방을 꺼냈다. 그 안에 담긴 사연은 다 몰라도 감회가 새로웠다. 나는 어릴 적 그 가방 속에 무엇이 들어있을까 못내 궁금하여 몰래 열어보았다가 주사기 등 약 냄새가 코를 찔러서 실망했던 기억이 있다. 냄새는 세월 따라 사라지고 주인 잃은 가방이 텅 빈 채로 모셔지듯 놓였다. 뒤적이는 손끝에서 따스함이 전해졌다. 당신께서 못다 이루신 꿈을 빈 가방을 통해서 박애 정신을 보여주고 싶었는지도 모른다.

어느 해 초저녁을 나는 잊지 못한다. 가랑비처럼 내리던 눈은 함박눈으로 바뀌어 소리 없이 쌓여 갔다. 새벽녘이 되어 아버지가 중절모에 눈을 흠뻑 뒤집어쓴 채 들어오셨다. 걱정 어린 가족의 눈빛을 둘러보며 다행히 위험한 고비는 넘겼다고 하신다. 입가에는 미소가 어렸다. 생사를 넘나드는 환자와 함께하고는 왕진 가방 들 힘조차 없이 눈 내린 길을 더듬어 되돌아왔을 아버지. 나는 그때 위인전에 나오는 인물처럼 아버지가 위대해 보였다.

한번은 어린 우리에게 당신은 외딴섬 등대라고 하셨다. 등대는 밤에 항해나 바다의 수로 안내를 돕는 역할을 하며 사람들의 길잡이가 되어준다. 특히 야간 항해 시에는 선박의 안전을 위해 뱃길, 위험한 곳 등을 알려주는 역할을 하지 않던가. 그때는 아버지의 말뜻을 잘 이해하지 못했다. 이제야 되새겨 보니 아버지는 누구도 대신할 수 없는 길을 걸어오셨다. 얼마나 힘들고 외로웠으면 당신을 바다에 홀로 세워져 있는 등대라고 표현하셨을까.

친정 뒤란에는 아름드리 밤나무 두 그루가 호위병처럼 집을 지켰다. 아버지가 한 생명을 살려서 아이의 부모는 감사의 표시로 밤을 보냈다고 한다. 가장 튼실한 것을 골라 아이가 건강하게 잘 자라길 바라는 뜻으로 아버지가 뒤뜰에 심은 게 오늘에 이르렀다. 아이 부모는 그 고마움을 잊지 않으려 아이의 이름도 율란(栗卵)으로 지었다고 한다.

풀 한 포기에도 생명의 의미를 부여하셨던 아버지. 가을에는 정원에 떨어진 낙엽을 색깔별로 바구니에 담아 장독대에 올려놓을 만큼 감성이 넉넉하셨다. 그런 감성을 자식들이 은연중 받아서 안목을 기르도록 하였나 보다. 내가 문학에 눈을 뜬 것도 아버지의 그러한 정서를 닮지 않았을까.

환자가 없는 한가한 저녁이면 반주를 곁들여 도란도란 옛이야기를 들려주었다. 어린 날 항상 목에 호루라기를 걸고 다녔다는 이야기도 그중 하나다. 아버지는 1남 3녀 중 막내로 삼대독자였다. 할아버지는 학교에서 돌아올 때면 동구 밖에서 호루라기를 불라고 하였다. 그 소리를 듣고 마중을 나가셨다는 대목은 듣기만 해도 극진한 자식 사랑이 느껴졌다.

어머니는 생전에 자주 말씀하셨다. 나중에 아버지 곁에 갔을 때 떳떳해지고 싶다고. 당신 자녀들이 정직하고 성실하게 살아가기를 바라는 뜻이다. 아버지를 그리워하실 때면 진료실에 오래 앉아서 생긴 궁둥이의 까만 군살이 눈에 어른거린다는 말씀도 빼놓지 않았다. 돌이켜보면 한결같이 아픈 사람만 돌보다 가신 아버지, 함박눈 내리던 날 중절모에 네모난 가방을 들고 움직이는 눈사람이 되어 서 계시던 모습을 다시 단 한 번이라도 보고 싶다.

아침에 기찻길 옆에 장이 열리면 동생과 시장에 가서 무슨 생선이 나왔는지 보게 한 일, 약주를 드시면 '꿈에 본 내 고향' 노래를 가수처럼 구성지게 부르셨던 일도 생생하다. 일찍 등진 고향에 대한 향수를 노래로 풀어내곤 하셨다. 자식들 입장에서는 오직 환자와 당신만 알았던 점은 불만으로 남았다. 가족끼리 여행 한번 제대로 해보지 못하고 돌아가신 것도 못내 가슴이 아프다.

거목처럼 커 보이던 아버지의 모습을 이제는 그리워해 봐도 아물거릴 뿐이다. 내 나이 철들고 보니 외딴섬 등대라고 하셨던 그 말씀의 의미를 이제는 알 것 같다. 아픈 이들에게 한가닥 빛을 비춰주기 위해 묵묵히 생명의 가방을 놓지 않으셨던 그 아버지가 오늘따라 무척 그리웁다.

어둡기 전에

명절이나 제삿날이면 어머니를 따라 외가에 가던 그 어디쯤이다. 어머니는 돌아가시기 얼마 전, 당신 친정 마을을 꼭 한 번 둘러보았으면 하는 의향을 내비쳤다. 건강이 하루가 다르게 나빠지자 마음이 급하셨던 것일까. 나라도 진즉 알았더라면 모시고 다녀왔을 테지만, 자식들 귀찮게 하는 게 싫어 참으신 듯하다. 나는 친정 식구들이 모두 이사했는데 거길 왜 가자고 하실까 하면서도 짙어가는 어머니의 병색을 알기에 미루다 못 가면 후회하겠다 싶은 예감이 들었다.

어머니를 모시고 외가 마을로 향했다. 가는 도중에 어떠한 말씀도 하지 않았다. 호수처럼 잔잔한 표정으로 창밖만 하염없이 바라보셨다. 외가 마을 초입에 도달했을 때였다. 잠깐 차를 세우라고 하더니 혼자 억새가 흐드러지게 피어 있는 산자락으로 부지런히 갔다. 멀리서 보니 술래잡기하면 딱 알맞을 커다란 바위 하나가 있었다. 백설기를 썰어놓은 듯 네모져서 그 위에 나란히 앉아 이야기라도 나누면 시간 가는 줄 모를 것 같았다.

어머니는 그 바위를 어린아이한테 하듯 연신 쓰다듬었다. 손수건을 꺼내 눈물을 훔치셔서 나는 무슨 일인가 하여 숨도 크게 쉴 수 없었다. 한참을 생각에 잠겨 서 계셨다. 어떤 사연이 있기에 떠날 줄 모르고 그동안 참았던 그리움을 한꺼번에 다 쏟아내는 듯이 하실까.

차에 오르고서 바위와 당신 사이에 얽힌 궁금증을 풀어주었다. 친척 할머니의 중매로 인연이 되었고, 아버지를 맨 처음 만났을 때 어머니는 스물두 살, 아버지는 스물세 살이었다고 한다. 그 바위에서 자주 만나고 서로를 알아간 다음 친인척의 축복을 받으며 결혼식을 올렸다고 하셨다. 나는 그 이야기를 들으며 안타까웠다. 의사였던 아버지가 심장마비로 일찍 돌아가시지만 않았어도 어머니의 건강을 돌봐주지 않았을까. 어머니에게는 그게 마지막 친정 나들이였다.

친정 마을도 가고 바위도 보고 온 뒤였다. 어머니는 삭정이 같은 손을 내밀어 내 손을 끌어 안듯 잡았다. "아가 이 어미한테 너는 무엇과도 바꿀 수 없는 보배였느니라." 나는 대꾸도 못 하고 입술만 깨물었다. 자식 중에서 나를 편하게 여기셨던 것은 알고 있었으면서도 출가외인이라고 차일피일 미루지 않았던가. 몇 개월 병석에 계시긴 하였어도 돌아가실 때는 편안한 모습이었다.

어느덧 어머니 기일이 돌아왔다. 살아 계실 때 자주 찾아 뵙지 못한 회한으로 친정에 가는 발걸음이 무겁기만 했다. 잔을 올리니 먼 길 뭐하러 왔냐며 등을 다독이는 손길이 느껴졌다. 생전에 내게 서운한 점도 있으셨을 텐데 전혀 내색하지 않으셨다. 익기 전에 떨어지는 감도 있는데 너희들 덕분에 이만큼 잘 살았다. 당신 가고 나서 슬퍼하지도, 산소에 자주 오려고도 하지 말고 가족들과 화목하게 살라고. 그게 부모를 위한 효도라고 당부하셨다.

다음 해 봄날, 두 분의 흔적이라도 그려보려 그 바위를 찾아갔다. 둘러보니 억새꽃은 다 날아가고 새싹들이 다복다복 올라오고 있었다. 요즘은 편안하게 만날 장소도 많건만, 남녀칠세부동석이라는 말이 있듯 당시 결혼 전 남녀가 만난다는 것은 대단한 용기가 필요했으리라. 스물두 살인 어머니도 사랑받는 한 여인이었을 텐데 제대로 살펴드리지 못했다. 아버지가 생존하셨다면 그때의 이야기로 밤을 새우지 않았겠는가. 앞날에 위기가 닥쳐도 바위같이 단단하게 변치 말자고 굳게 약속했을지도 모른다. 남편이 유언 한마디 없이 떠났어도 당당히 헤쳐갈 수 있었던 것은 그러한 약속 때문이 아니었을까.

이제 자식들 곁에 부모님은 안 계시다. 언젠가 어머니께 장난삼아 새 출발을 어떻게 생각하느냐고 내가 슬쩍 여쭈니 펄쩍 손사래쳤다. 너희 아빠 같은 멋진 사람이 어디 흔하겠냐면서 애틋해했다.

어딘가에 부모님 발자국이 찍혔으리라. 바위 주변을 서성이는데 부모님의 온기가 스며든다. 꽃 같은 스물두 살의 엄마와 스물세 살의 아버지가 도란도란 나누는 사랑 이야기도 들려왔다. 이 좋은 세상에 자식들과 맛있는 음식 먹으며 여행할 곳도 많은데, 생각할수록 코끝이 아려왔다. 지금쯤 두 분은 그때로 돌아가 있지 않을까. 어쩌면 지금 보고 계신 것은 아닌지. 손가락으로 새기듯 두 분 성함을 썼다. 마음 둘 곳 없던 기분이 가벼워졌다.

언제 또 올 수 있을지 몰라 선뜻 되돌아서지 못하고 머뭇거리고 있었다. 어디선가 자나깨나 자식 걱정하시던 생전 어머니의 따뜻한 음성이 들려왔다. '아가, 서울까지 가려면 차 밀릴 텐데 어둡기 전에 어서 일어나거라.'

기억의 터

한옥을 보면 언제나 알 수 없는 그리움이 밀려온다. 산책길에 마주한 한옥이 그랬다. 목재 대문 자물통은 어디선가 본 듯 친근하고, 빛바랜 오래된 검정 대문과 현대식 황토색 대문이 한옥의 과거와 현재를 말해주는 듯했다. 이제는 박물관에나 있을 법한 굴뚝도 이채로워서 그 집의 역사를 한눈에 보는 것 같았다. 금방이라도 '에햄' 하고 할아버지가 나오실 것만 같은데 밀봉된 수도와 낡은 절구통만이 먼지를 뒤집어쓰고 지금은 빈집임을 확인시켜 준다.

우람한 감나무를 보고 있으려니 마치 이모 집에라도 와 있는 듯 착각이 든다. 언젠가 이모 집에 갔을 때 감나무만 빈집을 지키고 있었다. 이모는 가을이면 붉은 홍시를 따주었지, 하염없이 감나무만 바라보다 돌아선 적이 있다. 가족들과 애탄기탄 사랑을 나눈 집은 무슨 말이 필요하랴. 이 집에서도 한때는 아이들의 웃음소리가 담을 타고 넘었으리라.

동네 아주머니인 듯 이웃에서 텃밭 손질하다 말고 한옥에 볼 일이 있느냐고 의문의 눈초리로 묻는다. 아마 기웃거린 내가 수상쩍게 보인 모양이다. 정중히 사실을 말씀드리고는 조심스럽게 빈집에 대해 물어보았다. 자식들은 외지에서 살고, 지난해 할아버지, 할머니는 차례로 떠나고 빈집이 되었다고 한다. 주변 상업화 물결에도 그 한옥만은 꿋꿋하다 했는데 조만간 한옥을 허문 곳에 건물이 들어설 예정이란다. 대대로 이야기를 품은 99년 된 한옥도 애벌레가 허물 벗듯 사라진다니 갑자기 친구를 잃은 듯하다.

내가 거주하고 있는 단독 주택도 우리가 떠나면 빈집이 되지 않겠는가. 대물림되었으면 하는 것은 바람일 뿐, 번개 치듯 왔다 가는 자식에게 전원생활은 멀기만 하다. 훗날 이곳도 추억이나 소환하는 장소가 되어있지 않을까. 요즘 세대는 생각하는 것도 우리와는 다르고 도시에서 시골로 오기는 쉽지 않으리라. 더구나 이삼십 년 뒤를 지금 가늠하기는 어렵다. 다시는 못 볼 것처럼 주변이나 챙기고 자연을 벗 삼는데 힘을 기울이며 살아야지 싶다. 집도 좋은 일, 궂은일을 겪으면서 나이를 먹는다. 그 사이 자식은 출가하여 두 아이의 아빠가 되었고, 시어머니와 친정엄마는 세월 따라 차례로 돌아가셨다. 돌이켜 보니 기쁨과 슬픔이 교차하던 시간이었다.

어제는 강가를 걷는데 한 초소가 눈에 들어왔다. 발걸음을 빨리하고 보니 두 사람 겨우 들어설까, 깨진 창문은 흔적만 남았고, 훈련에 사용되었을 낡은 밧줄이 물살에 일렁이며 포개졌다, 풀어졌다만 반복하고 있었다. 지난 시간이 차곡차곡 포개지는 느낌이었다. 한때 나라를 수호했을 청춘들은 사회 일원이 되어서도 가끔 이곳을 떠올리지 않을까.

며칠 전 '문학의 집 서울'에서 행사가 있어 서둘러 도착하고 보니 여유가 있었다. 무심코 주변 산책로를 따라 걷는데 '기억의 터' 공원이 나왔다. 그동안 행사가 있을 때면 문학의 집을 수 없이 오르내렸으면서도 위안부 할머니들을 기리기 위해 조성된 공원이 있다는 것을 그제야 알게 되었다. 열두 살 당시 영문도 모른 채 끌려가서 학대당한 내용이 할머니들의 존함과 함께 자세하게 기록되어 있어 읽는 것만으로도 가슴이 아렸다. 그 나이면 한창 친구들과 어울리며 학교에 다닐 때인데 상상하기조차 끔찍했다.

빈집과 초소는 시대의 흐름에 따라 잊혀도 그만이다. 우리가 진정 잊지 말아야 할 것은 '기억의 터'에 새겨진 247분의 위안부 피해자 할머니와 같은 엄연한 현실의 역사다. 그토록 핍진한 역사를 세월이 흘렀다고 어찌 잊을 수 있으랴. 특히 그 일은 같은 여자로서 생각만 해도 몸서리가 쳐진다. 삶의 역사를 쓰고 있는 것은 누구도 다르지 않으리라. 하루의 일상이 초고인 셈이다. 백 세를 가정하면 절반을 훌쩍 넘긴 나이에도 불구하고 아직도 나는 초고에만 머물러 있는 것은 아닌지. 그나마도 이들의 희생으로 오늘을 살고 있는 것이리라.

공원을 돌아나오는데 '우리가 가장 두려워하는 것은 우리의 아픈 역사가 잊히는 것입니다'라는 기억의 터 표지판에 새겨진 글귀가 발목을 붙잡고 있었다.

결혼사진

그동안 관심조차 두지 않았던 결혼사진을 진열장에서 꺼냈다. 신부의 드레스와 면사포가 눈부시다. 그때는 많은 축하객 앞에서 세상을 다 얻은 것처럼 설렜다. 검은 머리 파뿌리 되도록 해로하겠다고 중대한 혼인 선언까지 했다. 철도 없었고 살림도 할 줄 모르면서 무얼 믿고 하루아침에 한 남자의 신부가 되겠다고 그런 엄청난 약속을 선포했을까.

엊그제 지방에 갈 일이 있어 고속버스를 탔다. 옆자리에는 할머니 한 분이 먼저 와 눈을 감고 계셨다. 나는 되도록 방해하지 않기 위해 장거리 여행을 대비하여 가져온 책을 꺼냈다. 가끔 창밖으로 펼쳐지는 자연에 눈길도 주면서 모처럼 대중교통이 주는 여유로움을 만끽하던 중, 휴게소에 약 15분간 정차한다는 안내 방송이 나왔다. 책을 덮고 화장실로 향했다.

커피를 한 잔 마시고 차가 있었던 장소에 도착하니 주말이어서인지 같은 방향의 버스가 줄지어 있는 것이 아닌가. 모두 내가 타고 온

버스 같아서 구별이 쉽지 않았다. 화장실이 급하여 차량 번호를 확인 안 한 불찰이었다. 덜렁대는 성격은 여기서도 나타났다. 하지만 그런 것을 따지고 있을 때가 아니었다. 엉킨 실타래를 풀 듯 차례로 버스 안을 훑어보고 바쁘게 다음 차로 이동하던 그때였다. 뒤에서 누군가 언뜻 "색시" 하고 부르는 소리에 돌아보니 내 옆자리에 앉아 계셨던 할머니였다. 반가운 나머지 손을 덥석 잡고 차 있는 곳으로 가자고 잡아끄니 맙소사! 할머니도 나처럼 버스를 찾아 헤매던 중이라고 하지 않은가.

다행히 버스기사는 승객이 다 오지 않은 것을 확인하고 우리를 기다리고 있었다. 승객들은 다정히 손까지 잡고 차에 오른 우리가 고부간인데 어쩌다가 늦은 것으로 착각했던 것 같다. 기다림에 짜증 날 법한데도 환한 미소와 박수로 맞아주었다. 나는 미안하면서도 고마웠다. 자리에 앉고 한숨 돌리는데, 할머니는 큰일 날 뻔했다고 하면서 의자 밑에 놓아둔 보따리에서 뭔가를 꺼내더니 먹어보라며 내밀었다. 휴게소에서 요기를 하였기에 극구 사양하다 권유를 계속 뿌리친다는 것도 도리는 아닌 것 같아 받았다. 검정 비닐에 싸인 것은 시루떡이었다. 어서 먹어보라는 할머니의 성화에 떡을 한입 베어 무는데, 남편 제사 지내고 남은 떡을 싸 온 것이라는 데도 팥고물이 계속 입맛을 끌어당겼다.

그 사이 할머니는 조그만 상자 열고 사진 하나를 꺼냈다. 언뜻 보니 사모관대와 족두리를 쓴 앳된 신랑신부가 무표정하게 서 있다. 유일하게 남은 할머니의 결혼사진이라고 하신다. 열일곱 살 되던 해 세 살 많은 신랑과 결혼식을 올렸는데 잔병치레가 잦았던 남편은 결혼한 지 3년 만에 1남 1녀를 두고 떠났다고 한다. 어린 나이에 할머니는 자식을 위해 생활전선에 뛰어들어 닥치는 대로 일에 매달렸다. 지금은 자식들 모두 결혼하여 서울에 산다고 했다. 어제가 남편 기일이라 왔다 태풍이 온다기에 서둘러 집으로 가는 길이라고 하신다.

혼자 시골에서 적적하지 않으냐고 여쭈니, 동네에 친구도 있고 심심할 때면 결혼사진을 보면서 남편과 이런저런 이야기를 하다 보면 어느새 해가 저문다고 한다. 서울은 길 잃을까 봐 집 밖도 못 나가니 답답해서 어떻게 사는지 모르겠다며 되레 걱정을 했다. 할머니는 "이제 영감 곁으로 갈 일만 남았어" 하시며 거친 손으로 액자를 어루만지며 속울음을 삼키고 계셨다. 자식들과 헤어지고 돌아서는 마음이 오롯이 담긴 것 같아 덩달아 코끝이 시큰했다. 세월이 흘렀음에도 할머니는 세상에 단 하나 밖에 없는 보물처럼 결혼사진을 품에서 떼어 놓지 않았다.

문득 러시아 속담이 떠올랐다. '항해를 떠날 때는 한번 기도하고 전쟁터에 나설 때는 두 번 기도하고 결혼을 하려면 세 번 기도해야 한다'는. 어떤 풍랑이나 총탄보다도 결혼이 더 힘든 여정일 수 있다는 의미가 아닐까. 그 첫발을 내디디면서 제일 먼저 남기는 증거가 결혼사진이다. 인생 고비마다 되새기라는 뜻도 담겼을 텐데, 나는 신혼 초 부부싸움 끝에는 화풀이 상대로 만만한 게 결혼사진이었다. 행복한 표정으로 찍은 사진 속의 인물이 보이지 않도록 돌려놓았는가 하면, 그것만 없어지면 마치 혼인이 무효라도 되듯, 아예 눈에 띄지 않는 곳으로 치워버리기도 했다. 지금 생각해 보면 남들이 다하는 결혼이니 그저 쉽게 생각하지 않았을까. 결혼사진을 찍으면서 했던 약속을 지키기 위해서 얼마나 노력을 기울였는지, 책임은 다하고 있는지 되돌아보게 된다.

이때만 해도 사진 속 신부는 주름살 하나 없는 이십대다. 이제는 같은 사람이라고는 믿기 어려울 정도로 변했지만, 세월의 흔적이 담긴 지금의 내 모습이 싫지만은 않다. 이만하면 그런대로 결혼 약속을 지켜오지 않았겠는가.

눈물샘

언제부터인가 나도 모르게 눈물이 흘러내렸다. 시도 때도 없어 곤욕스러웠다. 동네 안과에서는 눈물길이 막혔다고 간단한 처치와 안약을 넣어주었다. 며칠은 괜찮았다. 신체에서도 눈은 유독 예민해서 은근히 겁이 나며 외출도 삼가게 되었다.

결국 수소문 끝에 명의라고 알려진 안과를 찾았다. 진료받기 위해 앉아있으려니 같은 질환을 가진 환자가 의외로 많았다. 의사는 내게 증세를 묻더니 곧바로 침대에 똑바로 누워 보라고 한다. 간단하게 여기고 의사의 지시에 따라 천장을 쳐다보는데 긴 꼬챙이처럼 생긴 예리한 기구를 들고 다가오더니 양쪽 눈을 번갈아 찔러보는 것이 아닌가. 순간 어찌나 아픈지 악, 소리가 저절로 나왔다. 인생은 고통의 연속이라고 한 이유가 이런 걸 두고 하는 말이 아닐까 싶었다.

얼얼한 기분을 채 수습하기도 전에 의사는 눈에 실리콘 관을 삽입하고 눈물샘을 뚫어 주는 수술 외에는 달리 방법이 없다고 통보나 다름없는 말을 했다. 결정을 내리지 못하고 머뭇거리고 있으려니 이대로 두게 되면 코뼈를 뚫는 대수술까지 갈 수 있다는 엄청난 말에 수술 날짜를 정하지 않을 수 없었다. 이번 일로 나를 점검해 볼 수 있는 기회로 삼자고 굳게 마음먹으니 잠시 위안은 되었지만, 이유를 알 수 없는 진짜 눈물이 얼굴을 하염없이 적시었다.

병원을 나서는데 눈에 자극을 가해서인지 시야도 흐릿하고 부어오르는 느낌이었다. 주변 쇼윈도 앞에서 걸음을 멈추고 들여다보니 벌건 눈자위에 코 주변은 검사할 때 생긴 자국으로 보이는 붉은 선이 선명하게 드러나 있었다. 나 아닌 다른 사람을 보는 듯했다. 눈물이 나오기 전에는 시력도 나쁘지 않았고 특별히 눈에 신경 쓸 일도 없었다. 나이가 있으니 순리로 여기며 받아들여야지 하다가도 천연덕스럽게 수긍하는 게 나이 들었다는 의미 같아 씁쓸하였다.

예약한 날이다. 병원에 도착하기 전까지 마음을 수없이 다잡았어도 수술실에 누워있으려니 몸이 떨렸다. 옆에 있는 간호사에게 아프냐고 넌지시 물어보았다. 잠깐이면 된다는 대답 대신 지금까지 아프지 않다는 환자는 한 명도 없었다고 한다. 더럭 겁이 났다. 그 지경까지 방치한 것 같아 착잡하기만 했다. 평소에 예방주사도 제대로 맞지 못할 만큼 겁이 많다. 통증에 반응하는 감각이 유독 예민한 건지, 아픈 걸 참아내는 힘이 부족한 건지, 괜히 물어서 불안감을 키웠다. 어찌 참아낼까, 수술은 시작되었고, 천장을 향해 눈을 크게 뜨고 있으라고 한다. 공포심은 극에 달했어도, 마취해서인지 검사할 때보다는 아픈 것도 덜하고 적절한 치료로 고통에서 빠르게 벗어났다.

눈물이 완전히 멎고 나니 불현듯 돌아가신 고모님 생각이 난다. 당시 경조사가 있어 우리 집에 오실 때면 치마폭이나 손수건으로 툭하면 눈물을 닦으셨다. 어린 마음은 고모님이 슬픈 일이 많아 눈물을 훔치시는 것으로 알고 곁에 가서 들여다보곤 하였다. 참으로 철없던 시절이었다. 요즘 이런 눈 수술이 있다는 것을 알면 지하에 계신 고모님은 뭐라고 하실까, 별 해괴한 일도 다 보겠다고 하실까, 아마도 참 좋은 세상이라고 부러워하시지 않을까 싶다.

눈에도 샘이 있다는 것은 그만큼 밝고 맑음을 유지해서 세상을 밝혀주는 역할을 하라고 신이 빚은 예술품이리라. 나는 아픈 중에도 먹는 샘물이 떠올라서 샘이 주는 어감 때문인가 했다. 조용히 들여다보니 샘물과 눈물샘은 일맥상통한 점이 있었다. 눈물이 대부분 감정의 발원에서 우러나온다고 볼 때 샘물 또한 깊은 곳에서 흘러나오니 전혀 무관하지는 않아 보인다.

그런 고귀한 눈물이 샘물 마르듯 메말라 가고 있는 것은 아닌지. 예전 가정에서는 땅속 깊숙이에서 솟은 샘물로 밥도 짓고 그것으로 빨래도 해결했다. 무엇보다 하굣길에 두레박으로 퍼서 마신 샘물은 갈증과 허기를 잊게 해주는 청량제였다. 샘물에도 좋은 수질이 있듯, 내 눈물샘 수질도 이 기회에 확 개선되었으면 좋겠다. 그래서 의미 없는 눈물이 아닌 맑고 따뜻한 눈물로 진정 위로가 되고 싶다.

수술이 잘 되어 대책 없이 흐르던 눈물이 멎으니, 눈가에 따스한 눈물이 물안개처럼 피어오른다.

없어도 그만

한국수필가협회 (2022년 해외 심포지엄)이 몽골에서 열렸다. 인천 공항에서 아침 8시에 출발한 몽골행 비행기는 뭉게구름 위를 날기 시작했다. 지상에서 보면 우리는 천상에 있다. 스르륵 눈이 감겼다, 뜨기를 몇 번 했을까. 몽골 칭기즈칸 국제공항에 곧 착륙한다는 방송이 나왔다. 무심코 창밖을 보는데 거대한 구름그림자가 비행기보다 먼저 공항에 살포시 내려앉았다.

그 틈새로 광활한 초원이 대형 스크린처럼 펼쳐졌다. 구름이 다시 하늘로 올라가면서 스크린에는 초록 오솔길이 나타났다. 잠자던 영혼이 진정할 새 없이 파도쳤다. 어지간한 일에는 덤덤한 편인 내가 어디에 그런 설렘이 감춰져 있었을까. 마음이 동심으로 돌아가 풀밭에서 마구 뒹굴었다. 부푼 기대를 안고 비행기에서 내렸다. 서울은 30도를 오르내려 출발할 때 치마를 입고 갔다. 몽골은 초가을 날씨여서 몸이 움츠러들었다.

마중 나온 가이드에게 길이 반듯하지 않은 이유를 물었다. 동식물에게 최대한 피해가 가지 않도록 신경 써서 길을 낸다고 한다. 몽골인의 따뜻함과 생명 존중이 단면에 나타났다. 개발하지 않은 땅에는 각종 야생화가 뒤덮여 있는데, 건물을 짓거나 길을 넓게 낸다고 파헤치면 수많은 생명이 죽거나 다치게 될 것이다. 광활한 초원에는 에델바이스를 비롯하여 각종 야생화가 지천이었다. 6~8월을 제외하고는 춥다고 하더니 거친 환경에서 자라서인지 식물 대부분이 작달막해서 보기에 애처롭다. 사람은 눈에 띄지 않는데 양과 염소, 말들이 한가로이 풀을 뜯으며 초원을 누볐다. 동물들의 천국이다. 말을 타고 1시간 넘게 강과 산을 지나는 여정에 나도 자연과 더불어 하나의 풍경이 되었다.

내가 보고자 했던 원주민들이 사는 '게르' 마을에 도착했다. 우리가 전날 묵었던 테렐지국립공원 안의 게르는 관광객을 위한 최소한의 편의시설이 갖춰져 호텔이나 다를 바 없었다. 원주민의 게르는 둥근 천막으로 지어진 모양은 같았으나, 그 안에 살림이라고는 단청을 한 보석함처럼 예쁜 상자 몇 개와 작은 테이블 한 개가 다였다. 가뜩이나 협소한 공간에는 칭기즈칸 동상까지 모셔졌다. 한때 세계를 제패했던 후예라는 그들의 자부심을 읽을 수 있었다. 개방된 공간에서 부모 형제가 함께 생활한다니, 각자의 방을 갖고 싶어 하는 우리나라의 생활공간과 비교되었다.

우리도 형제들과 한이불 속에서 발가락으로 장난치던 시절이 있었다. 도심에서 어린 시절을 보낸 사람은 어떨지 모르겠지만, 시골은 불을 지펴 방에 온기를 채우며 밥을 지었다. 그 시절은 왜 그렇게 모두 가난했는지. 지금은 상상이 안 된다. 그때는 원하는 것을 소유할 수 없어도, 불행하지는 않았다. 불편했으나 그것만으로도 만족했기 때문이다. 게르 내부는 '다 있어도 하지만, 다 없어도 된다'는 말이 생각날 만큼 간소했다. 이렇게 적은 살림살이로도 생활이 가능하구나 싶었다. 문득 우리 집에 셀 수 없는 물건이 많다는 생각이 떠올랐다. 적게 가지고도 몽골인 85퍼센트가 행복하다는데, 나는 그 많은 것을 소유하고도 불평하지 않았나.

그들은 자연을 닮아 남을 의식하지 않은 삶을 살아가는 듯했다. 나는 현재 있는 것이 차고 넘치는데도 어떤 전자제품이 좋다고 하면 사고 싶었다. 홍보에 이끌려서 사들이기도 했다. 일 년 동안 한번도 안 쓴 것도 있고, 친구들이 집에 왔을 때 나누어주고도 장롱 안에는 언제 입을지 모르는 옷이 여러 벌이다.

글도 마찬가지다. 게르의 내부처럼 단순하게 한 줄로 줄여도 될 것을 두 줄, 석 줄로 늘어놓는다. 행간과 행간 사이도 좁고 꼭 필요한 단어도 아닌데 욕심을 버리지 못해 여백이 없다. 깊이 아는 것도 없으면서 좀 더 현학적으로 보이려고 한 결과다. 언제 나는 몽골 원주민의 '게르' 내부 살림처럼 단순하면서도 감동을 주는 글을 쓸 수 있을까. 여행 가방도 앞으로는 꼭 필요한 것만 넣어 끌고 다니느라 생고생하는 일은 만들지 않으려고 한다.

몇 년 뒤 몽골은 어떤 모습일까. 현재도 한편에서는 콘크리트로 된 건물이 들어서고 다른 한편에서는 짓다 만 건물들이 흉물스럽게 방치되어 있었다. 몽골도 언제까지 발전하는 다른 나라의 문명을 외면할 수만은 없지 않았을까. 매력적인 지금의 초원 모습을 잃지 않았으면 싶었다.

그들은 최소한의 살림을 살면서도 궁색하거나, 누추해 보이지 않았다. 내 살림과 글도 그와 같이 실천하고자 노력하리라.

금슬목

긴 가뭄 끝에 비가 내린다. 오랜만에 내리는 기다리던 단비여서 메말라가던 나무들도 모처럼 활기를 찾고 있다. 비는 모든 생물에게 생명의 물이나 다름없다.

우리는 태어날 때와 죽을 때 강을 건너 왔다가 강을 건너간다고 말한다. 어머니의 모태인 양수도 물이고 보면, 죽어서 강을 건넌다는 것은 원래의 고향으로 돌아간다는 뜻이 아닐까. 인류 문명의 4대 발상지도 강 유역이니 강은 생명의 근원이란 생각이 든다. 그러나 문명의 시초인 강이 때로는 영토 분쟁의 대상이 되기도 했다. 삼국사기의 온달 이야기는 강을 중심으로 한 영토 회복에 나선 온달이 사력을 다해 싸웠지만, 강을 건너는 도중 장렬한 죽음을 맞고 만다. 그 뒤 고구려 때는 두만강 북쪽으로 여진족이, 서북쪽 압록강 건너에는 거란족이 한반도를 차지하기 위해 진을 치고 있었다.

연암 박지원 《도강록》에는 영토 확장을 위해 패수浿水 사건이 벌어지는 기록이 있다. 패수사건이란, 평양성이라는 지명이 중국의 요동

땅 평양이라는 설과 한반도의 평양이라는 설이 있는데, 우리나라 선비들이 사기를 확실히 기록하지 않아 생긴 사건이었다. 요동에서는 한반도의 평양 주위에 있는 강을 패수라 주장했고, 한반도에서는 요동 땅의 평양성 주위를 흐르는 강이 패수라서 요동도 고구려 땅이라고 주장을 했다. 결국 자료가 확실한 중국으로 인해 피해를 본 쪽은 고구려가 되는데, 그 때문에 한반도의 영토는 싸우지도 않고 저절로 줄었다 늘기를 반복하게 된 셈이다. 단순한 영토 확장 차원의 싸움이 아닌 강줄기 하나에 민족의 사활이 걸린 일이었다.

우리나라도 작은 국토에서 강을 사이에 두고 지방 경계가 그어지고 문화와 풍습의 차이가 달라지는 것을 볼 수 있다. 올여름 중국을 여행하다 두만강에 들르게 되었다. 강을 사이에 두고 문화와 풍습은 물론 이념까지 다르다는 것을 피부로 느낄 수 있었다. 백두산 등정을 마치고 두만강에 도착 전까지만 해도, 원로 가수가 불렀던 <눈물 젖은 두만강>의 노랫말을 떠올리며 푸른 물과 전원 풍경을 연상하고 있었다. 그러나 아무리 둘러보아도 노랫말처럼 노젓는 뱃사공이나 낚시하는 강태공의 모습은 찾기 어려웠다.

강 건너 북녘 땅에는 인민 복장을 한 보초병인 듯, 총을 메고 군데군데 숨어 있는 모습이 망원렌즈에 들어왔다. 두만강을 헤엄쳐 탈출하는 사람들이 늘고 있다더니, 그들의 탈출을 막기 위해 잠복 중인 것일까. 나는 북에 가족이나 친척이 없어도 자유를 향해 목숨을 담보한 북한 주민들을 생각하니 가슴이 저렸다. 태생부터 두만강은 슬픈 운명을 안고 생겨나지 않았을까. 일본 강점기에 일본군에 쫓겨 우리 독립군이 굶주림을 참고 울분을 삼키며 이 강을 건너 조국을 등진 곳이기도 하지 않는가. 민족의 슬픈 애환이 서려 있어서일까. 지금 두만강은 푸른 물이 아닌 검붉은 물이 흐르고 있었다.

여행에서 돌아온 뒤 나는 산책 코스를 한강으로 정하고 시간 날 때마다 찾고 있다. 집에서 비교적 가깝기도 하지만, 어쩌면 슬픔과 영광이 함께한 곳이라 이끌리게 되었는지 모른다. 서울의 젖줄인 한강은 6•25 때 북한 공산군의 도강을 막기 위해 적군이 아닌 우리 군의 손으로 인도교를 폭파한 아픔이 있다. 한강 하면 낭만보다는 한과 슬픈 역사로 기억되다가 88올림픽을 치르며 세계 속의 강으로 거듭났다. 당시 오색 불을 내뿜으며 올림픽 주경기장으로 향하는 거북선에는 올림픽 성화와 용고를 울리는 늠름한 수군의 모습에서 우리 민족의 기상과 저력을 보여주는데 한 치의 소홀함이 없었다.

그뿐만이 아니다. 지금은 철새 도래지로 변한 밤섬은 마포 언덕에서 내려다보면 마치 밤알을 엎어놓은 것처럼 보여 붙여진 이름이라고 한다. 밤섬 주변의 길고 깨끗한 백사장은 서호 팔경의 하나로 꼽힐 정도로 아름다웠다. 남녀 관계에 엄격하던 조선시대의 체제 속에서도 밤섬만은 예외지대여서 이 섬의 남녀는 서로 업고 업히며 정답게 강을 건너는 것을 부끄러움으로 여기지 않았다고 전해진다. 조선조 명종실록에는 동성동본, 반상을 따지지 않고 짝을 지었다는 기록도 남았다.

밤섬 한복판에는 고려 때 김주가 심었다는 암수 은행나무가 있었다고 한다. 그 고목은 세월이 흐르면서 '금슬목'으로 이름이 나 소원 성취를 위해 성 안의 기도꾼들이 대거 밀려들었다. 그 전설이 사실이든 아니든 나는 무조건 금슬목을 찾아가 두만 강가에서 보았던 민족의 아픔을 씻게 해달라고 기도를 올리고 싶다. 그래서 통일이 되어 서로 오가며 북녘 사람들은 한강 변에서 우리는 두만강 변에서 산책하는 걸음걸이가, 저 한강 위를 평화롭게 나는 철새처럼 남과 북을 자유롭게 오갈 수 있다면 얼마나 좋겠는가.

그러기 위해서는 우리 겨레의 '금슬목'을 각자의 가슴에 키워야 하지 않을까.

도둑고양이

우리 마을에는 수시로 도둑고양이가 나타나 주변을 어지럽힌다. 낮에는 멍한 시선으로 무심히 지나치는 듯하다, 사방이 어둠에 잠기면 제 세상인 양 활보한다. 그때마다 나는 뒤처리에 진땀을 흘린다. 도둑고양이와 마주친 날도 있지만, 총알 스치듯 빨라 책임도 물을 수 없다. 나만 청소하기 바쁘다.

대낮에도 어슬렁거리며 나타날 때가 있어 긴장의 끈을 늦추지 못한다. 도둑고양이 대부분은 꼬리가 없어 '꼬리가 길면 밟힌다'라는 속설도 여기서는 무용지물이다. 작정하고 나선다면 물리칠 방법이 전혀 없는 것은 아니다. 도둑고양이 나름대로 이유가 있지 않을까. 야박하게 구는 것도 생명에 대한 예의는 아닌 것 같아 그동안은 내 선에서 끝내곤 했다. 기온이 오르고 코를 쥐게 하는 냄새와 득실대는 하루살이는 자칫 전염병이 생길 것 같았다.

언제부터였을까. 마을 앞 제방은 갖가지 쓰레기로 몸살을 앓았다. 치워도 그때뿐, 다음 날이면 산더미가 되어 있었다. 오랜 관습이었던 듯 너나없이 내 집처럼 제방에다 쓰레기를 버렸다. 뒤늦게 마을에 합류한 내가 문제를 제기한다는 것도 시골 풍토에서는 어려웠다. 나는 틈만 나면 발 벗고 쓰레기 수거에 나섰다. 형체 모를 뒤엉킨 퇴적층 앞에 도망치듯 빠져나오기를 몇 번이던가. 버젓이 볼일까지 서슴지 않아 고개를 들 수 없었지만 주저앉지 않았다.

복병은 또 있었다. 외지에서 각종 생활폐기물을 자전거와 용달에 싣고 밤이면 몰래 쏟아놓고 사라졌다. 아침에 보면 너덜거리는 소파, 의자, 심지어는 문짝 없는 장롱까지, 온갖 궁상들이 섞여서 마치 부패 집단을 방불케 했다. 요즘은 분리수거만 잘해서 지정된 장소에 갖다 놓으면 어디든 간단히 해결될 문제였다. 분리수거에 들어갈 비용마저도 여유가 없어 그런 행동을 하는 것인지, 알다가도 모를 일이었다.

유형도 가지가지였다. 쥐불놀이하듯 던지고 언제 그랬냐는 듯이 자리를 뜨는가 하면, 고무통 내지 마대에 담은 쓰레기를 내려놓고 바람처럼 사라지기도 했다. 베개, 깨진 도자기, 카세트테이프, 레코드판, 부러진 탁자에 부츠, 화투, 남녀 속옷에 아기 기저귀 등등 종류 또한 다양했다. 득달같이 차 시동을 걸고 현장을 벗어나려다 나와 맞닥뜨리기라도 하면 오히려 적반하장이었다.

때로는 힘에 부쳐서 시청과 동사무소에 도움을 요청하면 그런 날은 신기할 정도로 잠잠하다가도 외부 무단투기자는 얼마 못 가서 다시 등장했다. 누가 이기나 내기라도 하듯 나는 치우고 돌아서다 말고 다시 치웠다. 초창기에는 대형 종량제봉투 열 개가 모자랐다. 시나브로 줄어드는가 싶더니 어느새 풀꽃들이 그 자리를 대신하고 있었다. 숲이 우거져야 산새를 품듯, 풍요로운 삶을 가꾸려면 깨끗한 환경은 필수여서 시작한 일이니 나름 보람이 느껴졌다.

스스로 자연을 지키려고 노력하는 자만이 누릴 권리도 있다고 하지 않던가. 둑에 쓰레기를 버리게 된다면 환경오염으로 이어지는 것은 자명하다. 한때는 물고기가 맑은 물을 만나면 신나게 헤엄치듯, 너나 없이 쓰레기를 버리는 데 앞장섰다. 그때마다 나는 꽁초 하나도 지나치지 않고 주워 담았다. 사람들은 이제야 오가던 길을 멈추고 서서 사색에 잠기는가 하면, 둑을 배경으로 사진 찍기에도 여념이 없다. 내가 기울인 관심에 자연은 보답이라도 하듯 본래의 모습을 되찾고 있다.

마을에 원래부터 도둑고양이가 기승을 부리지는 않았을 것이다. 우연히 주변을 배회하다 쓰레기봉투가 눈에 들어와 파헤치다 보니 먹잇감이 나오지 않았겠는가. 그 뒤로 습관이 되었으리라. 애초에 빌미를 제공한 우리가 도둑고양이 수를 불린 셈이 아닐까. 도둑고양이는 언제든 호시탐탐 기회를 엿보다 다시 나타날지 모른다.

자발적인 봉사는 때로 나를 발전시키는 동력이 되기도 하는 것 같다. 앞으로도 내일을 위해 오늘을 일군다는 마음으로 이곳에 갖가지 유실수를 심어볼 참이다. 지구를 지킨다는 소명으로 자연을 대하다 보면, 머잖은 장래 나무에 꽃이 피어나서 그 꽃들로 인해 새가 날아들어 제방은 색다른 탈바꿈을 하지 않겠는가. 그러면 나는 저녁노을에 마음 띄우고 낮에는 노래하는 새들과 같이 마을을 지켜나갈 수 있으리라.

내 마음에 토굴 하나

마음의 강

할머니는 짐을 마을버스 발판에 올려놓았다. 발을 어렵사리 한 계단씩 내디뎠다. 나는 부축해드려야지 하면서도 앉아 있었다. 그 사이 할머니는 버스에 올라 농산물이 든 보퉁이를 기사에게 건넸다. 처음이 아닌 듯 기사가 전번에 주신 오이도 맛있게 잘 먹었다고 한다. 차에 타기조차 불편한 몸으로 뭔가를 나누려는 모습이 감동스러웠다.

할머니는 자리에 앉으려다 말고, 차 안을 둘러보며 별것 아니라는 듯 계면쩍은 미소를 지으셨다. 잠시나마 당신으로 인해 지체된 미안함이 미소에 담겨 있었다. 그 순박하고 진실한 미소에 급한 승객이라고 해도 무슨 말을 하겠는가. 잠시 왁자했던 차 안이 조용해졌다. 이곳은 마을버스가 40분에 한 대꼴로 다닌다. 시간 계산만 잘하고 나오면 오늘 같은 버스 안 정경을 덤으로 얻는다. 대부분 호락질하는 근동 사람들로 만나면 서로가 그동안의 안부를 물어 차 안은 금세 훈훈함으로 가득 찬다.

가을 수확기인 요즘은 당연히 화제도 농사 이야기가 주를 이룬다.

좀도둑이 극성을 부려 일 년 농사가 허사로 돌아갔다는 대목에서 나도 덩달아 허탈해진다. 우리도 작년에 호박을 심고 모처럼 수확의 기쁨을 맛보나 했는데 아침에 일어나 보니 몽땅 사라지고 줄기만 남아 있었다. 인정머리 없는 그런 날강도만 아니라면, 마을은 평화롭다. 아직도 시골 인심은 사라지지 않았다. 당신들이 지은 농산물을 대문 앞에 조용히 두고 가서 나는 수소문하기 바쁘다. 답례랄 것까지는 없지만, 바나나 한 송이라도 정성을 담아서 드리면 손사래를 치면서도 어르신들의 만면에 함박웃음이 나를 행복하게 한다.

정은 소소한 것으로부터 움튼다. 감기로 몸이 불편할 때 이웃에서 끓여온 따끈한 생강차 한 잔은 마음 저 깊은 곳에 가라앉았던 감동을 끌어올린다. 그 찻잔을 앞에 두고 나는 또 한 청년을 떠올린다. 명절이면 지방에 근무하는 아들 친구가 해마다 보내주는 택배 하나가 있다. 그때마다 마음만으로 충분하다고 말려도, "어머니 정이라고 생각해주세요" 한다. 중고, 대학까지 적잖은 학창 시절을 같이 보내고 결혼도 앞서거니 뒤서거니 해서 아이들 역시 비슷하게 두었다. 하 수상한 시절이어서일까. 아침 햇살에 반짝이는 윤슬을 보는 것 같아 곁에 있으면 힘내라고 덕담 한마디 주고 싶다.

며칠 전 일이다. 방앗간에서 쑥떡을 찾아 지하철을 타고 내려서 걷는데 곡식이라 생각보다 무거웠다. 문학모임이 있는 강의실까지 가려면 족히 십여 분은 걸린다. 택시도 금방 탈 수 없는 곳이다. 예전 어머니들처럼 이고 가야 하나 전전긍긍하던 그때, 한 남학생이 혜성처럼 다가와서 "제가 도와 드릴까요" 하더니 번쩍 들어 거의 목적지까지 가서 나에게 넘겨주었다. 학생은 당연한 일을 했다는 듯 고맙다는 내 말이 채 끝나기도 전에 사라졌다. 그냥 못 본채 지나칠 수도 있었을 텐데, 그 학생은 선뜻 손을 내밀었다. 평소 마음에 흐르는 따듯한 배려의 물길이 없었다면 쉽지 않은 일이다.

누구나 마음속에는 따스한 인정의 강이 있을 거라고 본다. 너나없이 바쁘게 살다 보니 잊고 지낼 뿐이다. 사람과 사람 사이에 흐르는 강줄기가 막히거나 고여 있지 않도록 해야겠다. 강물의 깊이는 상관하지 말자. 아침이면 물안개, 저녁이면 노을에 내 마음을 띄우고 수없이 들여다보리라. 낮은 곳으로 흐르던 물길이 언제든 닻을 내릴 수 있게 물꼬도 터놓아야겠다.

철학자 김형석 교수는 '백 년을 살아보니' 더불어 살았을 때가 행복했노라고 말했다. 다른 사람의 짐을 때로는 대신 져주기도 하고 들어주었을 때, 뿌듯한 그 기분을 뜻하는 것이리라. '타인을 위해 사는 일이 곧 자신을 채우는 일'이라는 강칼라 수녀의 말도 다시금 새겨보는 오늘이다.

참빗과 얼레빗

충남 공주 마곡사에 있는 얼레빗 전시장을 찾았다. 그곳에는 빗살 가르는 톱, 살 다듬는 살잡이 등 빗을 만들 때 사용하는 도구가 함께 전시되어 있었다. 어린 시절 보았던 빗을 보니 옛 친구를 만난 듯 반가웠다.

요즘은 대부분 플라스틱이나 철로 만들었고 모양도 전통 문양과는 거리가 멀다. 내가 자랄 당시는 빗살이 촘촘한 참빗과 굵고 성긴 얼레빗 외에도 다양했다. 머리를 빗으면 정전기도 일지 않았고 윤기도 나며 시원하니 좋았다. 현대는 머리 모양도 나이와 관계가 없어졌지만, 어머니 세대만 해도 참빗으로 곱게 빗어 넘겨 쪽찌었다. 어느 봄날 쪽찐머리에 한복을 곱게 차려입고 학교에 오셨던 어머니의 모습을 잊을 수 없다. 나도 어른이 되면 그 머리를 해보리라. 한 번 언젠가 시도했다 어색해서 그만두었다.

우리 조상들은 머리를 손질하는 데도 여러 빗을 사용하며 에둘러 의미를 부여했다. 청혼할 때 남자 집에서 사주함에 빗을 넣어 보내면

여자 집안에서는 결혼을 승낙한 것으로 여겼다. 그 빗으로 머리를 정갈하게 하고 신랑을 기다려야 한다는 뜻으로 해석했다. 긴 머리를 빗을 때는 반달빗, 머리 한가운데 가르마를 탈 때는 가르마빗, 살짝 삐져나온 머리카락을 정리할 때는 살적밀이 등등으로 정성을 들였다고 한다.

초등학교 저학년 때다. 친척 집 제사를 도와주러 가는 어머니를 따라갔는데 여느 때와 달리 사촌들은 보이지 않고 집안이 조용했다. 어른들은 음식 장만으로 분주한 가운데 혼자 마루에 오도카니 앉아있었다, 손가락에 침을 발라 창호지에 구멍을 내고 방안을 들여다보던 그때였다. 희미한 호롱불 아래 하얀 머리를 풀고 빗질을 하는데 내 눈에는 틀림없는 귀신이었다. 마루에서 뒷걸음질로 내려오다 굴러떨어지고 말았다. 나는 무릎이 아팠지만, 뒤란에서 일하던 어머니께 달려가 방안에 귀신이 있다고 말씀드렸다가 소란 피우지 말고 한쪽에 얌전히 있으라고 야단맞았다.

흐지부지 소동으로 끝났어도 무서움에 사로잡혀 나는 한동안 고개를 들 수 없었다. 어머니를 따라 방에 들어갔을 때는 등잔 밑에 참빗만 놓여서 그 빗으로 귀신이 머리를 빗었을 것이라고 무서운 상상의 나래를 폈던 일이 추억으로 남았다. 친척 할머니께서 그날 제사를 모시기 위해 몸단장을 하셨다는 것을 알게 된 것은 좀 더 철이 들어서였다. 언제인지 모르게 할머니도 돌아가시고 참빗도 보이지 않았다.

빗은 모양에서 차이가 있을 뿐 나라와 시대를 불문하고 이어져 오고 있다. 중국에서는 빗으로 장식된 머리 모양을 그대로 유지한 유적이 발견되었는가 하면, 중세 서양 교회 건축물에서도 장식용으로 빗 모양을 그려놓아 소중함을 일깨웠다. 우리나라도 빗을 머리의 장식용으로 중요시하던 때가 있었으나 조선 시대에 이르러 사라졌다고 한다. 이는 빗을 머리에 꽂고 다니다 잃어버리게 되면 정조를 포기한 것으로 여겼다. 당시 풍조를 미뤄볼 때 사전에 그런 불미스러운 일을 미리 방지하기 위함이었으리라. 그 시절은 빗이 실용적인 멋뿐 아니라, 여인들 장신구 역할도 톡톡히 했던 것 같다. .

빗에 관한 우스개 이야기는 많다. 신부가 서울 가는 신랑에게 월소 사달라고 부탁하고 만약 빗 모양을 잊어버리면 하늘의 반달을 생각하라고 일렀다. 그런데 신랑이 서울에서 물건을 살 때는 마침 보름이어서 반달 모양의 얼레빗 대신 둥근 거울을 사 왔다. 또 임신한 여자가 꿈에 참빗이나 얼레빗을 받으면 딸을 낳는다는 속설도 있다. 빗이 여자에게는 필수품이어서 다양한 설도 생겨난 것이 아닐까 싶다.

빗에 관심을 두다 보니 촘촘한 사람은 참빗을, 설렁대지만 여유가 느껴지는 사람에게는 얼레빗을 연상한다. 그중 나는 어느 빗에 해당할까, 한없이 덜렁대다가도 고지식할 정도로 꼼꼼한 측면도 있다. 빗이 모양에 따라 쓰임새가 다르듯이 사람 성격도 개성적인 면으로 본다면 섣부르게 단정 짓기는 어려울 것 같다. 시대의 흐름에 따라 철부지 때 내가 본 참빗과 얼레빗은 개인의 애장품으로나 간직할까, 보기 귀한 물건이 되었다.

전시장에서 기념으로 사 온 반달 모양의 얼레빗으로 내 짧은 머리를 빗어보았다. 불현듯 양지바른 곳에 앉아 나를 무릎에 누이고 참빗으로 이를 잡아주시고 얼레빗으로 내 긴 머리를 가지런히 빗질해주던 어머니의 손길이 생각나서 울컥했다. 어머니의 무릎도 참빗도 더욱더 그리운 밤이다.

내 마음에 토굴 하나

전원생활을 하는 지인이 수확의 기쁨을 함께 나누고 싶다며 고구마를 넘치게 보내주었다. 나도 식구가 적어 이웃과 나누고도 간식으로 충분할 만큼 남았는데 보관이 문제였다. 지난해에는 고구마 저장 온도를 몰라 편한 대로 베란다에 두었다가 썩어서 많이 버렸다. 보내준 사람한테 미안하여 말도 못 하고 혼자 속이 쓰렸다. 올해는 같은 실패를 반복하지 않으려고 친구에게 물어보았다. 찌거나 구워서 냉동고에 넣어두는 방법도 있다고 하는데 그건 양이 적을 때나 가능하다. 시중에 보관 용기는 많아도 고구마를 저장하는 완벽한 통은 눈에 띄지 않았다.

어렸을 때 내 고향 사람들은 토굴을 두고 있었다. 봄이 올 때까지 싹은 조금씩 나와도 썩지 않아서 뿌리식품 저장고로는 최적이었다. 친정집 뒤란에도 크지 않은 토굴이 있었다. 어둠침침하여 처음에는 발을 들여 놓지 못했다. 어머니 심부름으로 마지못해 가서도 빠끔히 문을 열고 들어가 눈을 질끈 감은 뒤 더듬거려서 아무거나 손에 잡히면 누가 잡아당기기라도 하는 것 같아 도망치듯 나왔다. 토굴에 먹을 거리만 있다는 걸 알고부터는 무서움이 사라졌다. 그러다 나만의 안식처가 되었다. 시간 가는 줄 모르고 앉아 있다가 배에서 꼬르륵 소리가 나고서야 굴을 빠져나왔다.

밖에서 복실이가 계속 짖어대서 할 수 없이 나간 적도 있었다. 개라고 해도 사람이 들어가서 나오지 않으니 걱정됐던 모양이다. 어두컴컴한 곳에서 무엇을 하고 있었는지는 기억나지 않는다. 불빛도 없는 데서 책을 읽었을 리도 만무하다. 그 무렵 읽었던 '알리바바와 40인의 도적'을 떠올리며 이야기 속 두목처럼 '열려라 참깨'하고 주문을 외우면 커다란 바위가 열려 보물이 가득히 쌓인 동굴 속을 상상하지 않았을까. 분명한 것은 캄캄한 분위기에 눌려 섬뜩했던 토굴 안이 어느 날부터 엄마 품속처럼 안온했다.

자주 가는 친구 집에도 굴은 있었지만, 호롱불이 천장에 매달려 있어 밖에서 스며든 빛으로 밝기를 가늠하던 우리 집과는 신비함에서 차이가 났다. 어릴 적 술래잡기할 때 기어들어 간 대청마루 밑도 적막감 속에서 서늘한 기운이 느껴지던 동굴에 비할 바는 아니었다. 굴 안의 황토는 팥고물 같아서 먹고 싶을 정도였다. 기생충이 있는 아이들이 흙을 먹었다는 소문이 파다해서 나도 호기심에 먹어보니 걱정했던 배탈은 나지 않았다. 그 흙으로 우리는 밥을 짓고 김치도 담그고 장난감도 만들며 소꿉놀이를 했다.

요즘 도시는 말할 것도 없고 시골에도 텃밭 아니고는 흙을 접하기가 쉽지 않다. 지금 내가 사는 시골에도 토굴은커녕 일부러 흙을 찾아 나서야만 하는 세상이다. 냉장고가 없던 시절, 구황식품을 상하지 않게 하기 위해 어른들이 지혜롭게 만든 굴 속이 어린 우리에게는 신기함을 넘어 상상의 나래를 펼 수 있는 장소였다.

그러한 어린 시절의 추억은 작가가 된 지금까지 토굴에 대한 정서가 남아 있다. 내게도 오래 변질되지 않은 토굴 같은 그런 글 하나 있으면 얼마나 좋을까. 살림도 마찬가지고, 글쓰기도 굴을 파는 작업과 비슷한 것 같다. 호미나 삽 등 장비만 있으면 될 줄 알았는데 그처럼 간단한 문제가 아니었다. 돌도 섞여 있고 바위도 나온다. 장마가 지면 무너지거나 물이 스며들어 중단하기도 했다. 그럴수록 맞서지 않고 날이 개기만을 기다려야 한다.

글도 흙처럼 무너지는 속성이 있어서 여간 까다롭지 않다. 서두르지 말고 꾸준히 노력하다 보면 오래 묵혀도 변하지 않는 토굴처럼 진정한 나만의 글 저장고가 생기리라. 그 시절 토굴도 어른들이 그렇게 심혈을 기울여 완성하지 않았겠는가.

재래시장

모처럼 근처 재래시장을 찾았다. 시장 입구에 '첫째, 둘째 일요일은 재래시장 가는 날'이라는 현수막이 내걸린 것을 보니 기업형 슈퍼마켓이 여기까지 파고든 것 같았다. 상인들의 자구책이 눈물겹게 느껴진다.

만국기가 펄럭이는 시장 안은 이른 시간이어서인지 어제의 고단함에서 깨어나지 못하고 있었다. 정돈된 통로를 따라 걷다 보니 족발 가게와 신발 가게가 나란히 있어 그 상관관계에 잠시 생각이 머문다. 조금 올라가니 구제 명품 점포 앞에 축하 화분이 즐비하다. 아마도 개업한 지 얼마 되지 않은가 보다. 기웃거리는 나를 본 직원이 불쑥 문을 열면서 들어와 구경하란다. 손사래를 치며 빠른 걸음으로 벗어났지만, 마네킹이 입고 있던 옷이 어른거린다. 나도 어쩔 수 없는 여자였다.

노점 한모퉁이에서 채소를 손질하던 할머니는 마수걸이라 싸게 준다며 다짜고짜 검정 비닐봉지부터 꺼내 든다. 그만큼 손님이 귀하다는 게 아닐까. 나는 싸게 준다는 말에 쪼그리고 앉는다. 열무, 얼갈이, 가지, 호박, 고추, 파 등 한 보따리를 샀는데도 정말 단돈 만 원이 안 된다. 한사코 덤이라며 콩나물을 봉투에 더 담아준다. 동네 마트에서는 어림없는 일이다. 고맙다는 말 대신 “오늘 재수 좋으실 거예요” 하고 이왕이면 듣기 좋은 덕담을 건네고 돌아선다.

다른 점포들도 속속 문을 열고 손님 맞을 준비로 한창이다. 손님이 오고 안 오고는 다음 문제이리라. 떡집 앞을 지나려는데 갓 쪄낸 시루떡에 군침이 돈다. 눈치 빠른 주인이 말랑말랑한 인절미를 썰다 말고 냉큼 한입 넣어준다. 쑥 향이 입안에 사르르 퍼지며 아침을 먹었는데도 꿀맛이다. 생각지도 않게 인절미와 시루떡을 또 사고 말았다. 손에 든 짐은 생각보다 무거웠다. 잠시 통로 벤치에 앉아 있는데 시장을 오가는 사람이 아직은 손에 꼽을 정도다. 한 여자아이가 엄마 손을 잡고 촐랑거리며 저만치서 걸어오는 모습이 눈에 들어온다.

예닐곱 살 무렵 어머니를 따라 처음 오일장에 갔던 내 모습이 떠오른다. 태어나서 처음 본 물건들이 신기하기만 했었다. 신바람이 나서 고개는 이리저리 두리번거리면서도 행여 어머니를 놓칠까 봐 한 손으로 치마폭을 꼭 붙들고 있었다. 어머니는 필요한 물건의 가격을 흥정하고 사느라 바쁘셨다. 배도 고파지고 보는 것도 지쳐갈 무렵 어머니와 난전에 쭈그리고 앉아 먹었던 쑥 개떡과 달콤한 팥 칼국수 맛은 지금도 잊을 수가 없다. 시장을 돌아 나올 때쯤 어머니의 짐 보퉁이는 수레를 끌어야만 할 정도였다. 하지만 어머니는 그 많은 것을 이고 묘기 대행진 하듯, 날렵하게 잘도 걸으셨다. 나는 어머니 치맛자락을 단단히 움켜쥐었던 기억이 어제 일처럼 선하다.

당시의 시장은 각지에서 직접 수확한 채소, 바다에 넣으면 금방 헤엄쳐 갈 것 같은 각종 해산물 외에도 다양한 물건을 사고파는 사람들로 북적거렸다. 아는 사람을 만나면 그동안의 안부를 묻고 물물교환도 하며 정을 나누었다. 곤궁한 시절이었어도, 시장은 따뜻한 인정과 생기가 넘쳤으며 풍요로운 정서가 녹아 있었다. 그래도 오늘 이곳에 오니 옛 정취를 다시 느낄 수 있어 다행이다. 건너편 과일가게에 럭비공 만한 참외가 다섯 개에 오천 원이다. 재래시장도 요즘은 가격 붙여놓고 파는 곳이 많아졌다.

남대문시장에서도 가격 표시제를 곧 시행할 것이라고 한다. 일부 상인들의 과도한 바가지 상술로 인해 가격표를 붙이기로 했다니 그 이유가 기분을 씁쓸하게 한다. 그렇게 되면 속는 일은 없을지 모르나 재래시장만이 가진 흥은 사라지지 않을까. 남대문, 동대문 시장에서 어쩌다 외국인이 "얼마예요? 깎아주세요" 하는 애교 섞인 서툰 우리말이 싫지는 않았는데 앞으로는 그 말도 듣지 못할 것 같다.

어느 나라나 지역 특유의 정서가 있기 마련이다. 그걸 피부로 가장 잘 느낄 수 있는 곳이 재래시장이리라. 지난해 터키에 갔더니 터키의 대표적 재래시장인 이스탄불 그랜드 바자르에서도 흥정은 필수로 여길 만큼 당연시했다. 400년도 넘었다는데 아직도 엄청난 규모를 자랑하며 터키 고유의 그릇, 카펫, 장신구, 옷, 잡화 등이 진열되어 손님을 끌고 있었다. 값은 흥정에 따라 들쭉날쭉하였다. 하지만 그 과정이 흥미진진해서 불편하다고 느껴지지는 않았다. 오히려 이국적인 친밀감을 더해 쇼핑을 마친 후에도 왠지 싼 값에 좋은 물건을 샀다는 기분이 들었다. 이곳이 요즘 뉴욕 패션 관계자들에게 꿈같은 재래시장의 명품으로 대접받고 있다고 한다. 무엇보다 이들이 가는 곳마다 온갖 패션 잡지와 매체들이 따라서 움직인다는데 그 부가가치만 해도 환산할 수 없는 금액이지 않을까, 그 비결이 부러울 뿐이다.

터무니없는 가격만 아니라면 흥정 속에 사람 냄새나는 정이 들어 있고, 오늘 나처럼 부자가 된 기분을 느끼고 돌아간다면 재래시장을 다시 찾는 사람이 더욱더 많아질 텐데, 장사의 잇속만 챙기려다 더 많은 것을 잃는 일만은 없었으면 좋겠다. 편리하다는 이유로 기업형 슈퍼마켓으로 향하곤 했는데 나부터라도 일주일에 한두 번은 재래시장 가는 날로 정해야겠다.

주목

근막통증증후군으로도 고통스러운데 우울증까지 겹쳤다. 마음을 굳게 다잡아도 벼랑 끝에 서 있는 것 같아 매일 두려웠다. 소망도 없이 방구석에서 그림자처럼 서성이던 어느 날, 먼 산으로 눈길이 갔다. 산이라면 적어도 내 마음을 받아주지 않을까. 그전에도 무기력할 때면 산을 찾아 위로받은 경험이 있지 않은가. 겨우 몸을 지탱하고서 용기를 내어 이산 저산 가리지 않고 찾아다녔다. 자연에 동화되어 정신없이 오르내리다 보면 통증도 사라질 것 같았다.

그날은 지리산 천왕봉을 목전에 두고 더는 한 발짝도 옮길 수가 없어 그대로 주저앉고 말았다. 끝내 눈물이 하염없이 볼을 타더니 흐느끼고 있었다. 우울증은 할 일 없는 사람이나 앓는 병쯤으로 알았는데 그 약을 내가 먹게 될 줄이야. 두 팔을 쫙 펴기만 하면 금방 새가 될 것 같은 충동에 사로잡혀 하루를 살았다. 자칫 한순간에 불행한 사고를 저지르고 마는 무서운 병인지 모르고 섣부르게 예단한 죗값을 받는 것인가도 싶었다.

그 무렵 친구는 목돈을 빌려 가고 연락을 끊었다. 일주일만 쓰고 돌려주겠고 철석같이 약속했기에 전혀 의심하지 않았다. 누구의 위로도 귀에 안 들어왔다. 마음 써주는 남편에게도 고마움보다는 사사건건 생트집을 잡았다. 그동안 살면서 좋았던 기억은 없고 서운했던 것만 떠올랐다. 얼마를 흐느꼈을까. 갑자기 정신을 차리고 고개를 드니 천왕봉이 까마득한데 그러고 앉아 있었다. 그때 색다른 나무 한 그루가 바로 앞에 있었다. 이상하게도 사람을 만난 듯 반가워 서둘러 일어서다 말고 나무를 살펴보았다.

9월이라도 여름이나 다를 바 없는 날씨에 지난겨울 어떤 한파를 당했기에 헐벗은 것일까. 둘러보니 그런 나무가 한두 그루가 아니다. 고산지대에서 주로 볼 수 있다는 주목이었다. 뒤틀리고 속은 썩어 텅 비었는데도 강한 기운이 깃들어 있었다. 하지만 잎도 달리지 않고 나무 빛깔도 거무죽죽 수명을 다했나 보다. 곁에는 뿌리가 뽑히고 가지가 부러져서 이미 생을 마감한 나무도 있다. 그 나무들도 나처럼 병이 났다가 어떻게든 일어서려다 저렇게 된 것이 아닐까. 안쓰러워 쓰다듬고 있으려니 주목이 오히려 내 등을 토닥이듯 이곳에서 낮과 밤을 지내보지 않겠냐는 환청이 들려왔다. 지상에서 그토록 중요하게 여기던 것들은 한갓 티끌에 불과하다고 마음을 아프게 하는 걱정거리는 다 내려놓고 하산하라고 충고하는 것 같았다.

그때 별안간 돌개바람이 한바탕 산을 휩쓸고 지나갔다. 휘청거리는 몸을 간신히 지탱하고 일어서려니, 이번에는 안개 바람이 앞을 가렸다. 주목은 늘 있었던 일이라는 듯 여전히 꼿꼿하다. 속이 비었던 주목 역시도 멀쩡하여 '살아 천년 죽어 천년'을 증명하고 있었다. 그에 비하면 우리네 삶은 미미하기 그지없지 않은가. 주목을 마주보기 부끄러웠다. 비로소 나는 힘을 얻어 천왕봉에 올라 나머지를 극복할 수 있었다.

그로부터 몇 년이 지나고 다시 방향이 다른 한라산 산행을 하게 되었다. 환갑이 넘었으니 마지막 기회가 될지도 모른다는 생각에 각별했다. 초입부터 쌓인 눈이 앞을 가로막듯 온통 살얼음판이다. 기도하는 마음으로 한 걸음씩 내디디니 파란 하늘이 얼굴을 내밀고 혈맥 같은 길이 열렸다. 긴장을 늦추고 주변을 둘러보는데, 겨우살이가 고목에 꽃처럼 매달려 눈을 사로잡는다. 고귀한 것은 숨죽이고 있어도 이토록 감탄하기 마련이다.

앞뒤 살피지 않고 산을 오르던 때가 있었다. 산은 누구에게나 공평하게 길을 내어주는데도 무엇이 급했을까. 옆 사람과 도란도란 이야기도 나누고 조언을 구하면 누구나 선뜻 도움을 주려고 애쓰는데, 남보다 먼저 정상에 도달하려는 승부욕 때문에 나는 그러한 기회를 셀 수 없이 놓쳤다. 추운 줄도 모르고 앉아 지난날을 되짚고 있으려니 삶의 진리가 저 길 위에 있지 않았을까 싶다. 내가 아무리 가진 것이 많고 잘났다고 외쳐본들, 한낱 점에 불과하다는 것을 주목이 일깨워 주었다.

드디어 천육백 고지를 기점으로 주목이 손바닥을 펼쳐 들고 반기는 듯하다. 이곳은 갖가지 형상으로 여기저기 집성촌을 이룬 것이 특징이다. 마치 우리네 시골 풍경을 보는 것 같아 정겨웠다. 지리산 주목은 사람으로 치면 나이가 든 것 같고 여기는 수형이 그보다는 아기자기해서 남성보다 여성에 가까운 것 같다. 단단한 몸통에 갑옷을 걸친 듯 굳건함이 예나 지금이나 변함없다. 우리가 사람으로 태어났어도 모두 인간 노릇한 것이 아니듯 주목도 다르지 않다는 듯 보였다. 굽히지 않은 당당함, 그러나 가지 끝에서 느껴지는 부드러움이 겸손함을 엿보게 한다. 보이지 않는 후미진 골목에서 주어진 일에 최선을 다하는 사람처럼 한겨울의 눈보라, 여름날의 강한 태양도 의연히 버티며 내면을 끊임없이 갈고 닦은 결과이리라.

주목의 굵기가 한 뼘 정도 남짓이면 수백 년, 한아름에 이르면 천년이 넘는다니 그 세월의 내공을 겨우 반백 년 남짓 살아온 내가 어찌 짐작이나 할 수 있으리.

그림자

중국 옛 장안인 서안은 세계 4대 고도(古都)라고 한다. 고성벽과 대안탑, 소안탑 등 건축물은 물론 오천 년 역사박물관이 그것을 입증했다. 세계 8대 불가사의 중 하나인 진시황 병마용갱 등, 중화 고대문명의 진귀한 유물과 유적들이 잘 보존된 것도 볼거리였다. 그 중에서도 서고(書庫)라 불리는 비림(碑林)박물관은 발길을 붙잡고 놓지 않았다.

중, 일 문화교류 35주년 작품전도 마침 열리고 있었다. 양국의 대표자가 단상에 올라 축하 메시지를 낭독했다. 팔은 안으로 굽는다고 하더니 우리나라도 함께 했더라면 하는 아쉬운 생각이 들었다. '중국 고문학 기원'이라 쓰인 단상 옆에 놓인 작품집 때문인지도 모르겠다. 박물관 안에는 다양한 비석들이 거대한 나무숲을 연상케 했다. 천오백 년의 역사를 지닌 비석이 다수였다. 대문짝만 한 높이가 있는가 하면 정사각형과 마름모꼴 등 모양과 크기도 다양했다.

한쪽 벽면에 마치 무희가 춤사위에 빠진 듯, 기러기가 금방이라도 날아오를 듯, 용이 꿈틀거리듯, 사람이 양손에 지팡이를 짚듯 생생하면서도 글씨체가 다채로웠다. 한 곳에서 구양순, 안진경, 저수량, 유공권 등, 당대 사대 서예가들의 필치를 한꺼번에 보게 된 것만으로 나로서는 영광이었다. 내 키 두 배의 비석에는 이학과 공자가 십여 년을 연구하고 터득했다는 효와 충의 내용이 빼곡하다. 이들 비석 대부분은 유리로 보호막이 설치되어 당시 정성 모아 글을 짓는 모습을 창 넘어 그려 볼 수 있었다. 특별히 유리문을 설치한 이유가 천오륙백 년 전 지진에 대한 사전 방지책이라는데, 나는 감이 잡히지 않았다. 이곳의 비석 일부는 종이가 귀하던 시절 화가, 서예가들이 후대에 글자를 남기고 그로 인해 배우기도 하며 일석이조의 교과서 역할을 했다고 한다. 고개가 끄덕여졌다.

나라마다 비석도 각기 독특한 것을 볼 수 있다. 일본은 도심 한가운데 추모공원이 있어 휴식 공간처럼 비석 사이로 유유히 산책한다. 추모공원이 들어선다면 무턱대고 데모부터 하는 우리와는 대조적이었다. 그런가 하면 러시아는 마피아 두목 생전 모습을 비석에 새겨 넣어서 가까운 마을 사람은 가슴이 서늘해지지 않을까 싶었다. 우리나라에도 한때는 비석거리가 있었다. 송덕비는 원래 훌륭한 일을 한 사람을 기리기 위해 세웠던 것인데 백성들을 괴롭히는 벼슬아치들이 자신의 위엄을 위해 강제로 송덕비를 세웠다. 이에 백성들이 분개하여 송덕비가 세워진 비석거리를 지날 때마다 욕설하거나 침을 뱉고 발길질로 화를 풀었다고 전해지고 있다.

무언가를 두드리는 둔탁한 소리를 따라가니 두 사람이 열심히 탁본 중이다. 그 모습을 바라보고 있으려니 내 표정이 진지했던가 보다. 가이드가 필요하면 구매도 가능하다는 귀띔이다. 중국인들의 얄팍한 상술을 보는 것 같아서 씁쓸했다. 대략 삼천여 기 비석을 나름대로 둘러보고 밖으로 나오니 이번에는 같은 모양의 비석들이 열병식 하듯 줄지어 있다. 선비들이 과거를 보러 왔다가 말을 매어 놓은 장소라고 한다. 사자 형국으로 윗부분은 코뚜레처럼 구멍 나 있었다.

역사의 현장이나 다름없는 곳에 서 있으려니 문득 '옥玉은 부서져도 빛을 버리지 않고, 대나무는 불에 타도 그 마디가 없어지지 않으며, 사람은 죽어서도 이름은 남는다'라는 글귀가 떠오른다. 인생은 이렇듯 떠난 뒤에 비로소 평가되는 것처럼 오늘 무언의 교훈은 내 삶의 그림자에도 도움이 되지 않겠는가.

마이너 리그

밤새 몰아치던 비는 새벽녘이 되어서야 잦아들었다. 모두가 숨죽인 듯한 아침이다. 습관처럼 창문을 열고 내 시선은 이내 닭장으로 향했다.

매일 아침이면 집에서 키우는 닭모이를 주는데 그때마다 나는 아주 특별하고도 재미있는 현장을 목격한다. 터줏대감 격인 수탉이 먼저 모이를 먹고 물러나기가 바쁘게 쥐가 나타나서 밥을 해치우고 재빠르게 사라진다. 그 사이 참새가 울타리에 앉아 있다 그 뒤를 잇는다. 처음에는 쥐를 보고 괜히 아심아심 했다. 한 달 가까이 지켜봐도 서로 각축을 벌이거나 하는 일은 없었다. 닭들은 객식구나 마찬가지인 쥐와 참새가 모이통을 장악하고 시끄럽게 굴어도 묵인하고 먼 산 보듯 했다.

어느 날 우연히 그런 장면을 목격하고 나는 입이 다물어지지 않았다. 도시에서는 볼 수 없는 풍경이다. 매일 한 치의 오차 없이 벌어지는 영특하고도 기이한 녀석들의 행동에 그 시간을 기다리게 되었다.

모이는 정량 외에 따로 주는 것이 없어도 유기적인 관계를 잘 이어가니 신통하다. 다투거나 성급하지도 않았다. 서로 묵시적으로 통하는 것 같았다. 오히려 어서 먹고 양보해야겠다는 듯이 그들은 먹는 데 열중하다 모이가 어느 정도 줄었다 싶으면 어김없이 자리를 내주고 홀연히 사라졌다.

'매일 같은 시각에 오는 게 좋을 거야 만일 네가 오후 4시에 온다면 나는 3시부터 행복해질 거야 네가 아무 때나 오게 된다면 언제부터 마음의 준비를 해야 할지 모르잖아. 그래서 의식이 필요한 거라고' 생텍쥐페리의 어린 왕자가 여우에게 했던 말처럼 시간도 정확했다. 쥐와 닭은 생살여탈권을 가진 사이 아니었나. 이때만은 적의 관계에서 벗어나자고 합의라도 한 걸까. 얼마 전에는 울타리에 걸려서 다리가 불편한 닭 앞에, 쥐가 갉아 먹다 만 고구마가 놓여 있는 것도 풀리지 않는 의문이다. 동물 대부분은 먹이 앞에서 앞뒤 가리지 않고 각다귀판을 벌리는 것이 맞다.

한 번은 평소와 다른 장소에 모이를 군데군데 부어 놓고 멀리서 지켜보았다. 닭들은 잠시 어리둥절하더니 두 패로 나눠서 예외 없이 모이 앞으로 모여들었다. 참새는 벌써 주변 울타리에 앉아 조용히 그 모습을 관망하고 있었다. 그때 가만가만 쥐가 나와 눈치 빠르게 먹고 사라졌다. 참새도 여느 때와 다름없는 것을 보면 이들에게 장소는 문제가 되지 않는 듯했다.

닭은 한가로이 깃털을 고르고 쥐도 사라지자, 참새가 작은 머리를 이리저리 갸웃거리며 짹짹 소리 높여 등장한다. 언제 봐도 앙증맞고 귀여운 녀석들이다. 어느 날은 떼로 몰려왔다. 동료에게 여기 가면 먹을 것이 지천이니 허기질 일은 없다고 하지 않았을까. 추측대로라면 혼자만 잘 먹고 잘 사는 것에 머물지 않고 동료애까지 발휘한 그 비상함이 어쩌면 인간보다 한 수 위인지도 모르겠다.

여러모로 알려진 지혜가 많은 닭이야 그럴 수 있다고 해도, 쥐나 참새가 그들만의 방식으로 질서를 지키는 것은 볼수록 기이하고도 이채로웠다. 요즘은 시각에 따라 운명이 갈리는 세상이다. 한갓 미물로 여겼다가는 뒤통수라도 한 대 맞을 것만 같다. 쥐만 해도 그렇다. 대체로 밤에 활개를 펴고 낮에는 좀처럼 낯을 드러내지 않아야 정상이다. 우리 집 쥐는 그와 무관하다는 듯 수시로 닭장을 드나든 것도 모자라 아예 몸을 드러내 놓고 난장판을 친다. 이들은 일찍이 행복은 관계 속에 존재한다는 것을 알았던 것일까.

공통된 연구 결과에 의하면 행복하다고 여기는 사람들의 특징은 돈의 많고 적음을 떠나서 가족이나 친구 등 끈끈한 사회적 관계를 맺고 있었다고 한다. 진정으로 마음을 나눴을 때라야 발맞춰 춤추고 교감하는 데 어려움이 없는 것은 동식물도 예외가 아닌 듯하다.

생명은 어떤 경로든 서로 소통하게 돼 있다더니 참새도 곧바로 자리를 뜨지 않고 보답 차원인지 울타리에 앉아 한참 동안 합창하고 날아간다. 시끄러울 때도 있지만, 내가 얻는 수확에 비할 바가 아니다. 이들을 지켜보노라면 세상에는 참 다양한 삶이 존재한다는 것을 새삼 일깨워 준다. 닭이 이들에게 관대한 것은 서로 다름을 인정하고 더불어 사는 장점이 훨씬 많다는 것을 은연중 체득했기 때문이 아닐까.

따듯한 사람과는 깊은 마음을 나누고 싶듯, 쥐와 참새가 와서 제 먹이를 먹는 것을 묵인한 것은 영리한 닭의 베풂과 나눔이 아니었을까. 일찍이 '모든 답은 위대한 자연 속에 있다'고 말한 안토니오 가우디의 말이 틀리지 않은 것 같다.

꽃을 따라온 벌

따끈한 차 한 잔이 생각나는 계절, 가을이다. 지인이 언젠가 집으로 초대하고 끓여준 차가 구절초라고 했다. 은근하면서도 깊이 있던 향을 잊지 못하던 차, 마침 시누이에게 연락이 왔다. 구절초가 절정이니 지기 전에 한 번 다녀가라는 것이다.

시누이는 남편이 은퇴하자 이천에서 전원생활을 하고 있다. 아마도 지난 명절 내가 흘리듯 했던 말을 잊지 않고 있다가 꽃들이 피어나자 생각났던 모양이다.

도심과는 달리 교외는 벌써 형형색색 옷을 갈아입고 한바탕 춤사위라도 나설 듯하다. 운전대를 잡고 나도 모르게 어깨를 들썩이다 보니 목적지에 당도해 있었다. 만발한 구절초를 보고 있자니 점심시간이 지났는데도 배고픈 것도 모르겠다. 만반의 준비 없이 곧장 꽃밭으로 들어서려던 순간, 벌들이 일제히 날아오르며 침입자를 향해 공격이라도 할 태세다. 꽃밭에서 꿀 따는 데 열중하다가 갑작스레 놀란 것 같았다. 예상치 못한 벌들의 공격에 혼비백산해서 도망치듯 되돌아

나왔지만, 벌들은 계속 따라왔다.

지금이 꿀을 확보하는 데 최적기로 벌들은 독이 오를 대로 올라 더 공격적인지도 모르겠다. 나도 쉽게 포기할 수는 없었다. 머리에 망도 쓰고 중무장하고서 조심스레 꽃밭으로 들어갔다. 벌은 여전히 꽃을 건드리기라도 하는 날에는 두고 보지만은 않겠다는 듯 이 꽃 저 꽃으로 옮겨 다니면서 사뭇 공격적이었다. 마치 쫓고 쫓기는 게임이라도 하는 것 같았다.

나는 포복 자세로 살짝 가지를 흔들고 벌이 날아오르면 재빠른 동작으로 따서 담기를 반복하니 바구니가 넘치고 있었다. 힘들게 따서 그런지 바구니에 그득한 꽃을 보고 있으려니 귀하게 여겨졌다.

채반에다 꽃을 펼쳐놓았다. 온통 꽃밭을 옮겨온 듯, 세상 부러울 것이 없다. 이제 흐르는 물에 씻어서 물기를 제거한 뒤 덖는 과정을 거쳐 응달에 말리기만 하면 바라던 차가 완성된다.

'꽃밭에 앉아서 꽃잎을 보~네, 고운 빛은 어디에서 왔을까 아름다운 꽃이여~.' 수돗물을 틀어놓고 고장 난 레코드처럼 같은 소절을 반복하면서 솜털을 만지듯 한 움큼씩 집으려는데 뭔가 바늘로 콕, 찌른 것처럼 따끔했다. 나도 모르게 소리를 지르며 꽃을 내동댕이치고 들여다보니 손바닥에 벌이 떡하니 붙어 있는 것이 아닌가. 여기까지 따라와서 끝까지 괴롭히다니, 벌이 무서웠다. 더구나 오빠가 벌초하다 벌에 쏘여 유명을 달리한 시기도 이즈음 아닌가. 방법을 동원해서 겨우 떨쳐 내긴 했는데 손바닥에 침이 박혔는지 통증도 심하고 퉁퉁 부어올랐다.

종지를 엎어 놓은 듯 부어오르며 욱신대는 손바닥을 보고 있자니 풀치려던 마음이 사라졌다. 그런데 바닥에 떨어져 죽은 줄 알았던 벌이 다시 날아오르려고 날갯짓을 시도하고 있는 것이 아닌가. 내게 억울함을 호소라도 하듯 쳐진 날개를 다시 펴는가 싶더니 그 자리를 한 바퀴 빙 돈다. 하지만 무기나 다름없는 침이 몸에 없어서인지 움직임은 거기까지였다. 파리나 모기를 잡았을 때와는 달리 측은지심이 앞서는 이유는 뭘까.

벌 수명은 오십 년으로 파충류치고 길다. 하루 이천여 개의 여왕벌을 먹여 살리려면 팔천 번 넘게 꽃을 찾아다녀야만 겨우 육각형의 집에 꿀을 채울 수 있다고 한다. 상상을 초월했다. 전 세계 식량의 대부분에 해당하는 주요 작물 칠십여 종이 꽃가루받이 덕분에 열매나 씨를 생산한다니 어찌 보면 작은 실수 하나가 미래의 먹을거리에 차질을 불러올 수도 있겠다. 8자 모양의 엉덩이춤 신호로 꽃이나 집의 위치를 찾는다는 것도 놀랍다.

벌은 주어진 소임을 다했을 뿐, 나로 인해 뜻하지 않은 죽임을 당하고 말았다. 미물이라도 생명이 있는데 그저 내 안위만 소중히 여긴 것은 아니었는지, 뒤늦게 미안한 마음이 들었다.

꼬순이

병아리가 우리 집에 오던 날, 나는 별 관심을 두지 않았다. 여기저기 휘젓고 다니며 말귀 또한 알아듣지 못할 것은 뻔해서 애초에 정을 들이지 않는 것만이 상책이었다. 현재 키우고 있는 다른 가축으로도 벅찼다. 먹은 마음과는 달리 어미 품을 떠나 모이는 잘 먹고 있는지, 적응하는 데 문제가 없는지 날로 신경이 쓰였다. 그런 내 염려를 불식시키기라도 하듯, 녀석은 하루가 다르게 변모해갔다.

'꼬순아' 하고 부르면 눈에 띄지 않다가도 금방 나타나 왜 불렀냐는 듯이 빤히 쳐다보며 눈알을 반짝거린다. 처음에는 닭의 본능이려니 했다. 갈수록 말귀를 알아듣는 것처럼 밭일을 하고 있으면 다가와 얼쩡거리고 만져도 도망갈 채비를 하지 않았다. 오히려 저 좀 한번 봐 달라는 듯이 눈동자를 굴리며 고개를 쳐들고 있으면 정이 저절로 가서 일부러 불러 세우는 것이 일상이 되었다.

언제부터인가, 오전에는 멀쩡히 돌아다니다 한순간에 사라져 저녁이면 나타났다. 사방을 휘젓고 다니다 보면 그럴 수도 있겠거니 하고 염두에 두지 않았다. 하지만 매일 감쪽같이 모습을 감춰 이상히 여기던 참이였다. 다음 날 밭에 나간 남편이 빨리 내려와 보라는 다급한 목소리가 들렸다. 밭 언덕 아래에다 둥지를 틀고 납작 엎드려 무슨 일인지, 다가서는 우리를 몹시 불안한 눈빛으로 바라보았다.

마침 가지고 있던 막대기로 살짝 건드려보려는 순간이었다. 귀청이 떠나갈 듯한 울음으로 황급히 몸집을 부풀리면서 일어서는데 어림잡아도 수십 개 넘는 알이 눈에 들어왔다. 그동안 몰래 이곳에다 알을 낳고 틈만 나면 와서 품었으리라. 나는 앞으로 달걀을 먹게 된 것에 고무되어 알을 몽땅 바구니에 담았다. 꼬꼬, 꼬꼬, 꼬꼬댁, 반복적인 외침이 주변을 맴돌았지만, 이미 알에 눈이 멀어서 닭 행동은 안중에 들어오지 않았다. 무정란이라 어차피 품고 있어도 병아리가 태어나지 못한다는 걸 어미 닭은 모르는 모양이었다.

십여 일 지났을까. 녀석이 또 눈에 띄지 않아서 심증이 가는 몇 곳을 찾아 나섰으나 꼭꼭 숨어버린 것이 분명했다. 포기를 하고 외출해 있는데 드디어 찾았다는 연락이 왔다. 수풀이 무성해서 평소에는 가볼 엄두조차 못 내던 곳에 둥지를 틀고 납작 엎드려 있었다. 자세히 들여다보지 않으면 언뜻 화석으로 보일 정도였다. 그 영민함에 할 말을 잃고 서 있으려니 나도 모르게 침이 꼴깍 넘어갔다. 녀석이 그런 나를 형형한 눈빛으로 쏘아보았다. 이번만큼은 절대로 알을 빼앗기지 않겠다는 듯, 미동 없는 눈동자에 독기를 품고 있는 것도 같았다. 그런다고 알을 그대로 두고 올 내가 아니었다. 두 개를 선심 쓰듯 닭장에다 넣어주고 나머지는 요리를 해서 이게 바로 전원생활의 맛이라며 식구들과 맛있게 먹어 버렸다. 문제는 다음 날부터였다. 단 두 개 알을 자나 깨나 품고 밖에는 아예 얼씬도 하지 않았다. 그런 날이 일주일을 넘고 있었다.

모이라도 먹게 하려고 녀석을 끌어내고 닭장 문은 통으로 막아버렸다. 다시 들어갈 수 없다는 걸 알았는지 통 위로 훌쩍 올라서더니 작은 틈으로 고개를 디밀고 안을 들여다보고 있는 것이 아닌가. 잡아서 끌어 내리려 해도 이대로는 물러설 수 없다는 듯 털만 빠지게 하고 버텼다. 그 힘이 어찌나 완강한지 자칫하다가는 도리어 내가 봉변을 당할 것만 같았다. 달리 방법이 없어 문을 열어주기가 바쁘게 날다시피 하여 재빠르게 알을 다시 품었다. 그로부터 이십여 일이 지나도록 나와서 모이 먹는 모습을 보지 못했다. 걱정은 되었지만, 그대로 두고 말았다.

그날도 아침에 닭장을 살펴보는데 녀석의 고개가 여느 때와 다르게 외로 돌아가 있었다. 불길한 예감을 애써 누르며 끌어낸 것이 마지막이었다. 생명의 소중함은 예외가 없는 것을, 동물적 본능으로 치부해버리기에 앞서 닭의 마음을 헤아렸더라면 절대 일어나지 않았을 참사였다. 어쩌면 녀석은 알을 모은 뒤, 부화한 새끼들과 화창한 봄나들이를 꿈꾸며 그날만 기다렸는지도 모른다. 그래서 어떤 천적 앞에서도 알을 지켜내기 위해 굶어가면서 자나 깨나 품고 그 곁을 떠나지 않았던 것이리라. 생사를 초월한 모성애에 절로 숙연해진다. 내 이기심이 닭을 죽음에 이르게 한 것이나 다름없었다. 새끼들이 태어나면 화창한 봄날 나들이할 꿈까지 빼앗은 것 같아 마음이 편하지 않았다.

양지바른 곳에 녀석을 묻어주고 나니 세상은 영아 살인 사건으로 시끄러웠다. 30대 여자가 혼자 아이를 낳고 키우기 어렵다며 좋은 곳으로 보내 달라는 편지와 함께 영아 시신이 들어 있는 상자를 택배로 친정어머니에게 보낸 사건이었다.

우리 집 닭은 무정란인 줄도 모르고 새끼를 키워보겠다고 굶어가면서까지 품고 있다 죽었는데 사람의 탈을 쓰고 그럴 수가 있을까. 그 이기심이 두려울 뿐이다.

다음 작품 준비해

지금도 교수님 목소리가 쟁쟁합니다. 수화기를 들고 안부 인사를 드리면 교수님께서 먼저 "최수연입니다" 하셨지요. 이제는 그 장난스러운 음성조차 들을 수 없어 허전합니다.

2009년 <미리내 동인지> 자축연 자리가 교수님과 마지막이 될 줄 누가 알았겠어요. 자주 찾아뵙지 못한 것을 못내 후회하고 있습니다. 언젠가 한 선배가 교수님에게 저서 인사말을 받으러 간다기에 저도 동행했지요. 그때 어디에서 그런 용기가 났는지 변변한 글도 없으면서 저에게도 미리 써주시면 안 되겠냐고 외람되게 말씀드렸지요.

교수님께서 대뜸 "나 죽으려면 아직 멀었어!" 라고 하셔서 순간 얼굴이 후끈거렸습니다. 결례한 것을 알고는 쥐구멍이라도 있으면 숨고 싶었답니다. 저는 교수님 건강을 철석같이 믿으며 서두르지 않았는데 그렇게 홀연히 떠나시다니요. 이제는 작품집을 낸다고 해도 교수님의 발문을 받을 길이 없으니 솔직히 흥이 나지 않습니다. 교수님은 저에게 빚을 지고 가신 겁니다.

지나고 보니 교수님의 체력은 날로 나빠지고 있었던 것 같아요. 그것도 모르고 저는 교수님 뵙는 것을 차일피일 미루었습니다. 새벽에 뇌출혈로 쓰러지셨다는 연락을 동인에게 받고서야 둔기로 한 대 얻어맞은 듯, 한동안 정신을 차릴 수가 없었지요. 평소 강인한 분이라 털어버리고 “나 괜찮아!” 하시며 곧 회복되실 줄 알았습니다. 하루 이틀 시간이 지나도 혼수상태에서 차도가 없다는 이야기를 전해 들으며 불안한 마음을 떨칠 수가 없었는데, 며칠 뒤 기어이 떠나시고 말았지요. 망연자실할 수밖에 없었어요. 이렇게 빨리 가실 줄 누가 알았겠습니까. 사경을 헤매는 교수님께 누가 될까 봐 병문안도 삼갔는데, 찾아뵙지 않았던 것이 두고두고 가슴 아프게 합니다.

할 일이 태산 같다고 하시더니 어찌 그 먼 길을 가시었나요. 앞으로 작품을 쓴다 해도 교수님의 귀한 말씀 들을 수 없어 맥이 빠집니다. 제 이기심이겠지요. 하지만 빈자리가 클수록 교수님께서 틈만 나면 강조하셨던 ‘글을 쓰기 전에 먼저 수필처럼 살아야 한다. 작가는 작품으로 말한다’는 말씀을 가슴에 새기고 글쓰기에 최선을 다하고 있답니다. 그것만이 가르쳐주신 은혜에 조금이라도 보답하는 길이라는 생각이 듭니다.

기억나세요, 교수님! 제가 어렵게 등단하고 얼마 지나지 않았을 때, 모 잡지사의 원고 청탁을 받고 16매 작품을 보냈지요. 편당 만 원의 고료로 당시 거금 십육만 원을 처음으로 받아 들고 기쁜 나머지 제일 먼저 스승님께 달려갔지요. 크게 기뻐해 주실 줄 알았는데, “그래,

다음 작품 준비해" 이 단 두 마디뿐이었어요. 그 당시는 조금 섭섭했는데 지나고 보니 그만한 일로 자만하지 말고 더욱더 정진하라는 스승님의 깊은 뜻이 담겨 있었던 것 같아요.

얼마 전에는 교수님을 처음 뵈었던 경희대 교정에 다녀왔습니다. 모든 것은 그대로인데 교수님만 보이지 않았습니다. 어느 한 곳 아름답지 않은 곳이 없지만, 특히 교수님의 열강을 들으며 바라본 본관 강의실 뒷산 단풍은 유난히 제 기억 속에 남았습니다. 강의 시간에 혹시 수강생들이 지루하지 않을까, 교수님께서 우리에게 넣어 주셨던 기(氣) 때문이 아닌가 합니다.

강의 도중 갑자기 수강생들에게 눈을 감게 하셨지요. 지금 밖에 물들고 있는 아름다운 단풍을 떠올려도 좋고, 인생에서 가장 즐거웠던 순간을 떠올려 보라고 하면서 손을 펴시고 우리를 향해 힘껏 기를 불어넣어 주셨지요. 그 순간 교수님 눈을 피해 살그머니 바라본 창밖의 풍경은 형형색색 물감을 뿌려 놓은 듯, 나뭇잎마다 아름다움을 뽐내고 있었지요. 그제야 저는 생각했어요. 교수님의 강의를 듣기 정말 잘했다고! 때론 강의실에서, 때로는 사계(四季)를 느낄 수 있는 교정에서, 박학다식한 강의에 흠뻑 빠져 지냈던 시간이 지금 물들고 있는 단풍잎처럼 이제는 모두 그리운 추억으로 물들고 말았네요.

어설픈 작품을 가지고 교수님을 뵙기 위해 연구실 계단을 오를 때는 왜 그리 높아만 보이던지요. 쿵쾅거리는 가슴을 진정시키기 위해 잠시 계단에 앉아 숨을 고른 뒤, 조심스레 연구실 문을 열고 들어가면 교수님께서는 언제나 환한 얼굴로 “어서 와” 하시며 평소보다 한 톤 높은 음성으로 긴장된 마음을 풀어 주셨어요. 교수님! 다시 그 자리에 서서 교수님을 그려봅니다. 지금 생각하니 교수님께서는 제자들에게 사랑 그 자체이었습니다.

고맙습니다. 교수님, 이제 모든 짐 내려놓으시고 편안히 영면하소서!

_2009년 10월 서정범 교수님을 추모하며

허리 구부린 소나무

앵두

기억에서 멀어졌다고 생각했다. 지인이 거주하는 전원에서 모임을 갖던 중, 지금 앵두가 한창이라고 한다. 그 한마디에 내 잠자던 세포가 일제히 깨어났다. 나는 그곳이 어딘지 알려달라며 자리를 박차고 일어났다. 앵두나무를 언제 보았을까. 고향을 떠나온 뒤로는 마주할 기회가 없었다. 크지 않는 키와 치마폭을 두른 듯 넉넉한 품, 잔잔한 꽃 모양이 사랑스럽기까지 했다. 진분홍 열매 또한 황홀함을 안겨주던 기억이 새롭다.

예전 우리 집 뒤란에는 울타리를 대신할 정도로 우람한 앵두나무가 있었다. 매년 앵두가 익기 시작하는 유월이면 울타리는 온통 홍사초롱을 단 듯 화사해서 그 아래 있으면 기분이 날아갈 듯 좋았다. 군것질이 귀하던 시절이라 그만한 간식도 없었다. 그러다 보니 시간만 나면 풀방구리에 쥐 드나들 듯 뒤란을 오갔다. 그날은 뒤란 여기저기 앵두가 떨어져 있고 어수선했다. 고개를 한껏 들고 울타리 너머를 올려다보는 데 가지 사이로 언뜻 누군가 스쳤다. 아랫마을 준이었다. 나와 눈이 마주치자 마침내 잘 만났다는 듯, 앵두를 따서 마구 나에게 던졌다. 말은 하지 않았어도 그 애가 장난을 걸고 있다는 것을 알아차리고 나는 얼른 뒷걸음질 쳐서 기둥 뒤로 몸을 숨겼다. 잠시 뒤 고개를 내미는데 모습은 보이지 않았다.

그로부터 며칠이 지난 어느 날이다. 방 안까지 들리도록 누군가 큰 소리로 내 이름을 부르기에 달려 나갔다. 무슨 일인지 그 애가 양은 주전자를 들고 대문 앞에 서 있었다. 나는 시큰둥해서 왜 왔는지 캐묻고 빨리 가주기만을 기다렸다. 그 애는 돌아갈 생각을 하지 않았다. 그만 돌아서려는데 들고 있던 주전자를 불쑥 내밀더니 "열어봐" 했다. 엉겁결에 받아 들고 뚜껑을 열었다. 뜻밖에도 진분홍 앵두가 가득했다. 탄성이 흘러나오려는 것을 간신히 참고 있으려니 입 안에 군침이 돌았다. 왜 이걸 내게 주는지 묻자 대답 대신 씨익 웃었다.

가슴이 우둔우둔 거렸다. 세상에 태어나 처음 있는 일이었다. 그 애는 아직도 나무에 앵두가 많다며 또 따다 준다고 했지만, 귀에 들어오지 않았다. 나는 고맙다는 말도 하지 않고 주전자만 들고 쌩하니 안으로 뛰듯 들어와 버렸다. 그날 밤 동생은 이 많은 것이 어디서 났냐며 앵두를 한 움큼씩 입안에 넣고 신이 나 있었다. 하지만 나는 그 애가 돌아가지 못하고 서성이고 있을 것만 같아서 고개가 밖으로 향하던 기억이 어제 일처럼 선하다.

그 뒤 아버지의 유고라는 검은 파도가 우리 가족을 순식간에 덮쳤다. 허우적거리는 것조차 사치라고 여겨질 만큼 끝 모를 수면 아래로 가라앉았다. 당장 현실을 어떻게든 받아들여야 할 형편이었다. 그곳은 아버지의 혼이 서려 있는 장소나 다름없었다. 당시 섬에서 인술을 펼치던 아버지의 동료이자 친구가 우리의 간곡한 요청을 뿌리치지 못하고 결국 인수를 허락하셨다. 우리 가족은 아쉬움 속에 그곳을 떠나 아버지의 본향으로 이사했다. 그 아이와도 그것으로 끝이었다.

우연의 일치였을까. 사범대학을 졸업한 그가 우리 고장의 중학교 교사로 부임했다는 소식을 들었다. 그 학교에는 마침 나의 큰 조카가 다니고 있었고, 담임을 맡아 가정방문까지 오게 되니, 앞날을 예측할 수 없다는 말이 사실로 입증되었다고 할까. 그의 얼굴을 기억한 나의 어머니는 누구보다 반갑게 맞이하셨고, 지난 이야기를 나누었다고 한다. 그가 가정방문을 마치고 돌아간 뒤 어머니가 전화를 하셨다. 방문 목적은 따로 있었던 듯, 나에 대한 것만 이것저것 묻고 돌아갔다고 하면서 웃으셨다. 내가 고향을 찾았을 때 그는 이미 다른 곳으로 전근을 가고 없었다.

톨스토이는 일찍이 '우리의 영혼은 어린아이와 같이 자란다'라고 했다. 내게는 그때가 색을 입히기 전 도화지 같은 시절이었다. 적막이 싫은 고요한 날이면, 불쑥 강물에 떠내려 보낸 신발 한 짝처럼 그 소년이 왜 생각나지 않으랴. 더구나 앵두가 익어가는 유월이 되면 오래된 사진첩을 꺼내 보듯, 양은 주전자를 들고 서 있던 그 애의 모습이 영상처럼 떠오른다. 순수한 영혼의 양면성과 상면 할 수 있게 해주던 앵두와도 같던 홍안의 소년은 지금 어디에서 어떻게 늙어 갈까.

그래서 그랬구나

이른 아침 창문을 여니 돋을 볕이 손갓을 해야 할 정도로 눈부시다. 평소와 다름없이 건강식을 믹서기에 갈아 남편에게 건넸다. 잔을 받아 들고 별안간 눈높이를 맞추더니 "고맙네"하는 것이 아닌가. 귀를 잠시 의심하는데, 이번에는 큰소리로 고맙다고 한다. 언뜻 집히는 것이 있었지만, 그 말이 싫지는 않았다. 남편으로부터 고맙다는 말을 들으니 처음이라 어색 했어도 고마웠다.

얼마 전 남편 고등학교 동기들의 모임이 부부동반으로 있었다. 그날도 이런저런 이야기로 웃음꽃을 피우던 중, 갑자기 화제를 돌려 부부애가 유독 돈독한 친구에게 비결이 있는지를 물었다. 그 남편 답은 의외로 간단했다. 부인에게 무조건 고마움을 표한다는 것이다. 기분이 좋을 때는 물론이고 설령 언짢은 일이 있어도 그 또한 '고맙네' 하고 나면 이상하리만치 화평해진다는 논리였다.

남자들은 일제히 기분이 좋지 않은데 어떻게 고맙다는 말이 나오느냐고 반기를 들었다. 하지만 곁에 부인이 미소로 고개를 끄덕이는 것으로 미뤄 우리에게 웃음을 주려고 흰소리를 하는 것 같지는 않았다. 현직 교장선생님이 거짓말 할 리 없었다. 행복지수야 각자 다를 수 있어도, 그 말은 나름대로 일리가 있다고 생각했다. 왜냐면 트집 잡지 않고 무조건 고맙다고 하는데 언성 높일 수는 없지 않은가. 참으로 지혜로운 발상이었다. 자기 아내를 또는 남편을 좋지 않게 흉보아서 얻을 게 뭐 있겠는가. 생각해보니 남 말하듯 쉽게 하지만, 남편을 보면 단점부터 눈에 띄어 좋은 말이 먼저 나올 리가 없었다. 면전에서 고맙다고 하려면 나는 마음의 수양을 더 쌓아야 할 듯하다.

어느 스님이 기고한 내용의 글도 이를 뒷받침한다. '~ 5단계' 내용은 자신에게 감정의 초점을 맞추고 가장 좋았던 순간을 떠올려 '~구나'를 적게 했다. 대부분 가슴 따듯한 순간을 떠올리며 '행복하구나' '기분 좋구나'를 쓰고는 즐거워했다고 한다. 반면, 그날 함께 온 부부들에게 설문지를 돌린 뒤 상대방에게 초점을 맞춰 서로의 속마음을 털어놓는 시간을 주었다. '당신은 이것밖에 못 하느냐'는 반응과 '나 조금만 봐 달라'는 데도 무신경이어서 화가 났다는 내용이 적혀 있었다고 한다.

남편이 즉각 반응하지 않아서 그게 불만이었다. 그 글을 읽고 '구나' 연습을 통해 자신을 들여다본 사람은 상대방을 먼저 배려한다는 것을 알게 되었다. 아들과 같이 살 때는 좋은 모습만 보여주고 싶어 가급적 이해하려 해서 별 문제가 없었다. 아들이 결혼과 동시 분가하고 집에 둘만 있게 되면서 마치 벽을 마주하고 있는 듯 답답했다. 적막이 좋은 것도 한계가 있었다. 그때마다 남편은 마지못해 답변이 꼭 필요하냐며 겨우 한마디 에끼고 만다. 스님의 글을 읽고 나니 다른 집도 우리와 별반 다르지 않아 위안이 되었다. 어느 날 나도 스님의 글처럼 '~구나'를 한번 시도해 보았다. 그런데 이게 무슨 일일까. 나도 모르게 '불쌍하구나' 만 계속하고 있었다. 어느덧 황혼에 접어든 인생이 허무해서가 아닐까. 그나마도 느낄 수 있어 다행이었다.

남편은 말수가 워낙 없는 편이라 그 정도의 표현도 쉽지는 않았으리라. 기대하지 않은 변화였다. 주변에서는 남편을 실답다고들 했다. 오로지 혼자 힘으로 오늘에 이르다 보니 일에 밀려서 마음의 여유를 찾기 어려웠을지도 모른다. 앞으로는 남편이 고맙다고 하면 나도 하늘까지 닿을 수 있도록 고맙다고 해야겠다. 고맙다는 그 짧은 한마디에 그만 감동이 파동친다. 이해의 폭이 한층 넓어질 것 같다. 집에 들어온 남편이 만약 화라도 낸다면 밖에서 안 좋은 일이 있었구나, 싱글벙글하면 하는 일이 잘 되어가는구나 하면 될 듯하다. 난감한 일이 생겨도 '그래서 그랬구나' 하고 해결하면 되지 않겠는가. 긍정에도 부정에도 ~구나를 붙여 너그럽게 받아주면 되는 거였다. 왜 여태 그걸 못했을까.

나이 들어가면서 서로에게 보호자가 되려면 배려와 이해는 필수다. 부부의 덕목을 요즘 들어서 자주 생각하게 된다. 애틋한 마음으로 사랑하며 살아도 부족한 여생인데, 사십 년 넘게 동고동락했으면서 이해 못 할 것이 뭐 있겠는가.

스팅

매년 5월 11일은 입양아의 날이다. 공교롭게도 스팅이 그날 떠났다. 스팅은 일본에서 동생이 기르던 강아지로 이웃들의 따가운 눈총을 견디다 못해 우리 집으로 왔다. 갸름한 주둥이와 선한 눈빛, 적당한 체구에 검은 윤기가 사람으로 치자면 미남형에 가까웠다.

사람도 하루아침에 환경이 바뀌면 거기에 적응하기 힘들다. 말 못하는 짐승은 그 스트레스가 더 심했으리라. 스팅도 이끌리다시피 조카와 입국 절차를 마치고 차로 이동하는 동안 커다란 눈망울을 굴리며 불안한 기색이었다. 집에 당도하면 괜찮아질까 했는데 온몸을 바들바들 떨면서 구석으로만 파고들었다. 생판 낯선 곳이라 내심 공포심이 들었으리라. 그런 녀석을 떼어놓고 조카는 눈물만 훔치다가 일본으로 되돌아갔다.

스팅은 이제야말로 주인에게 완전히 버림을 받았다고 여기는 것 같았다. 사람들의 시선을 피하는 것은 그렇다 치고 음식도 거들떠보지 않았다. '스팅' 하고 부를라치면, 누굴 막론하고 콧잔등에 잔뜩 주름을 잡으며 여지없이 이빨을 드러내고 경계했다. 말이 통한다면 얼마나 좋을까. 해치려고 하는 게 아니라는 걸 알릴 방법이 없으니 답답했다. 겨우 입에 물만 적시더니 몰골이 일주일 만에 다른 개로 보일 정도였다.

하루는 동생에게 전화를 걸어 전후 사정을 얘기하고 방법을 논의하는 중이었다. 녀석이 통화내용에 귀를 쫑긋 세우고 눈을 반짝이며 빤히 쳐다보고 있는 것이 아닌가. 나는 동생과 얘기하다 말고 수화기를 녀석 귀에다 대주었다. 주인 목소리를 알아차린 듯, 금세 눈가가 촉촉했다. 사람으로 할 짓은 아닌 것 같아 그만 수화기를 내려놓으려는데, 갑자기 으르렁거리며 전화선을 물고 늘어져서 깜짝 놀랐다. 아마도 그 선을 잡고 있으면 주인과 멀어지는 일은 없을 것이라고 아는 듯 했다.

언어와 환경이 다른 곳에서 누굴 가까이한다는 것은 쉬운 일이 아니었을 것이다. 더구나 녀석은 다른 개에 비해 영특했다고 한다. 한국으로 오기 전에는 대소변은 물론 식구들에게 재롱으로 한껏 사랑을 독차지했다. 그러던 녀석이 낯선 곳으로 와서 주눅 든 표정으로 눈치나 슬슬 살피고 있었다. 동생과 논의 끝에 한 번 목줄을 풀어 놓고 지켜보았다. 스팅은 이때가 오기를 기다렸다는 듯 풀 죽어 있던 모습은 오간 데 없이 자리를 털고 일어났다. 왔다 갔다 하는 것 같더니 순식간에 어디론가 사라져서 저녁이 되어도 돌아오지 않았다. 애만 태우고 있는데 언뜻 대문 밖 서성이는 녀석을 발견하고 반가움에 달려

나갔다. 스팅, 하고 부르자 어디를 얼마나 쏘다녔는지 털이 흠뻑 젖어서 다 포기한 표정으로 슬그머니 내 뒤를 따라 들어왔다. 동물이라도 미안한 속내는 있었나 보다.

여기저기 헤매 봐도 갈 곳이 없어 마지못해 들어온 듯 했다. 엉거주춤 선 채로 입에 물을 축이더니 피곤한지 늘어져 잠이 들었다. 곧 정을 붙이겠지 했는데 그것은 우리만의 생각이었다. 갈수록 더 예민해지는가 싶더니 어느 날부터는 몸을 만져도 그저 힘없는 눈초리로 보고만 있었다. 불안한 예감이 들었다. 아니나다를까 그 뒤로 다시는 일어나지 못했다. 한국에 온 지 십구 일 만이다.

무엇이 스팅을 죽음까지 몰고 가게 했을까. 무엇보다 환경의 변화 때문이 아니었을까. 어쩌면 스팅은 한번 맺은 인연을 끝까지 지키고 싶었는지도 모른다. 나는 배불리 먹여주고 재워주는 것으로 보호자의 의무를 다했다고 여겼던 것 같다. 보호자로서 할 수 있는 일만 해주었지, 스팅의 심정을 살펴보려 하지는 않았다. 요즘 동물이나 곤충 등을 기르는 사람이 많아졌다. 어찌 보면 자기의 말만 잘 듣도록 길들이려 하는지도 모르겠다.

언젠가 공항 라운지에서 우연히 마주했던 한 광경을 나는 잊을 수 없다. 그동안 자신을 돌봐준 위탁모로 보이는 품에 안겨 있는 아가는 뭔가 불안한 표정이었다. 그때 한 낯선 서양인 부부에게 아가는 인계되었다. 발버둥치며 눈물 콧물 범벅이던 아가 모습을 새삼 다시 떠올리게 된 것은 순전히 스팅 때문이다.

"아름다운 이별은 없다"는 어느 드라마 속 장면의 대사처럼 알 수 없는 슬픔이 배어 나오는 것은 왜일까. 오월이건만, 이래저래 시린 마음을 감출 수 없다.

허리 구부린 소나무

외출했다가 돌아와 보니 지난번과 같은 일이 벌어졌다. 닭들의 참상을 보고 심장이 멎는 줄 알았다. 소 잃고 외양간 고치는 식이지만, 닭장 둘레까지 철조망을 설치하고 철저히 대비했다. 어떻게 뚫었을까. 작년에 이런 불상사가 생겼을 때는 처음이라 경황도 없었고 우리도 개를 키우고 있어서 애써 참고 지나갔다.

비슷한 일을 두 번씩 당하고 보니 내 눈에도 보이는 것이 없었다. 이번에는 모조리 물어 죽인 것으로는 성에 차지 않았나 보다. 멀쩡하던 닭을 살점까지 파헤쳐 놓고 현장에서 마치 누가 오기를 기다렸다는 듯이 나를 보고도 도망가지 않았다. 오히려 의기양양하게 거니는 사악한 모습이 독사 보듯 소름이 돋았다. 주인인 여자는 뒤늦게 나타나서 나무라기는커녕 쓰다듬더니 내가 정신이 얼떨떨한 사이에 개만 데리고 슬그머니 자리를 떴다. 동물을 기르는 사람이라면 약간의 양심이라도 있을 터인데 어떤 미안한 기색도 없었다. 나는 피범벅으로 널브러진 닭들을 어떻게 해야 할지, 머릿속이 텅 비어서 아무 생각도 떠오르지 않았다. 울음만 삼키다가 끝내 고개를 돌렸다.

자식은 부모의 성품을 닮는다는 말이 있다. 그 여자의 안하무인 행동으로 보아서는 개도 주인을 닮아 포악하게 변한 것은 아닌지. 분해서 감정이 도저히 억눌러지지 않았다. 이사한 지 얼마 되지 않아 매사 조심해 왔지만, 그날은 더 이상 참을 수가 없었다. 그 집으로 달려가 초인종을 눌렀다. 안에서 인기척이 들렸으나 묵묵부답이었다. 대문 앞에 혼자 우두커니 서 있으려니, 독사 같은 그 개가 제 집에서 한가롭게 언제 무슨 일이 있었냐는 듯 물끄러미 나를 바라보았다. 순간의 사냥 본능에 따랐을 뿐이라고 해도 우리 가축이 당했을 고통 이상으로 해코지하고 싶은 충동을 간신히 억눌렀다.

사람의 탈을 쓰고 사과 정도는 하겠지 하고 기대한 내가 바보였다. 한 달이 지나고 해가 바뀌어도 그쪽에서는 말 한마디가 없다. 반려견이 한 짓이니 나 몰라라 하는 건 인간의 도리가 아니다. 우리 안에서만 키워 남의 채소밭에 들어가 파헤쳤을 리도 없고 저들끼리 평화롭게 살던 닭들을 죽게 했으니 금액으로 환산할 문제도 아니었다. 매일 마주하던 가축들이 당했을 고통을 상상하면 자다가도 벌떡 일어났다. 그날 집을 비우지 않았다면 화를 당하지 않았을 거라는 죄책감에 나는 나대로 고통의 날을 보냈다.

소설가 박완서는 '부끄러움을 가르칩니다' 에서 "나는 각종 학원의 아크릴 간판의 밀림 사이에 '부끄러움을 가르칩니다' 깃발을 덜거덩 덜거덩 휠휠 휘날리고 싶다. 꼭 그래야 할 것 같다고, 사람은 부끄러워할 줄 알아야 한다"고 썼다. 그때는 나도 사과 한마디 없는 개 주인을 향해 죽은 닭들을 살려내라며 피켓이라도 들고 싶은 심정이었다. 그런다고 닭이 살아 돌아올 리도 없지 않은가.

나쁜 생각을 품었다는 것부터 몸이 나를 불편하게 했다. 그 집 앞을 지나칠 때면 괜히 가슴이 두근거리고 얼굴이 후끈거려서 걸음이 빨라졌다. '진정한 인연과 스쳐가는 인연은 구분해서 맺어야 한다'는 선인들 말을 빌리지 않아도, 야멸찬 사람과는 어떤 경우에도 인연을 맺지 않으리라. 더불어 사는 마을에서 혼자만 자로 잰 듯 산다는 게 쉽지는 않아도 당시에는 그랬다.

산책길에서 허리 구부러진 소나무를 보았다. 사람으로 치면 몸의 중심부가 꺾어진 것이나 다름없는 모양이다. 그로 인한 고통을 짐작할 수 없을 정도일 텐데도 사철 푸름을 잃지 않았다. 소나무는 어쩌다 안타까운 모습이 되었을까. 나는 늘 그게 궁금했고 안쓰러웠다. 소나무 앞을 지나는 사람들도 걸음을 멈추고 한마디씩 했다. 안됐다고도 하고 강인함에 박수로 용기도 주었다. 멋있다고 찬사를 보내는 사람도 있었다.

어느 날 나는 소나무의 지혜로움을 발견했다. 옆에 소소리 나무들 속에 공존하면서 살아남으려면 허리를 구부리는 길밖에 없어 그 방법을 택했을 것이리라. 소나무가 우뚝 솟기만을 고집했다면 곁에 있는 나무들과 부딪쳐서 제대로 성장하기도 힘들었을 테고, 태풍이나 폭설에 많은 걸 잃을 수도 있었을 것이다. 때로는 맞서기보다 한 발짝 물러나는 게 지혜롭다. 소나무도 허리 한 번 구부림으로 비좁은 틈을 벗어날 수 있었고, 마음껏 햇볕을 받으면서도 가지 하나 다치지 않고 제대로 성장할 수 있지 않은가. 그동안 뭉쳐있던 응어리가 서서히 풀리기 시작했다. 내가 이렇게 평정을 찾는 사이에 개 주인도 자신을 돌아보지 않겠는가.

몸의 중심부인 허리를 구부리면서까지 살길을 택한 소나무를 볼 때마다 다짐하는 것이 있다. 목숨 잃은 가축한테는 주인으로 지켜주지 못해서 한없이 미안하지만, 용서할 수 없었던 그들의 행동을 그만 놓아주겠다고, 소나무 처지에서 보면 나는 조금 휘움하였을 뿐이다. 소나무처럼 살면 되는 일이다. 마음의 안정을 찾게 해준 그 소나무가 더없이 위대해 보인다.

불청객

새벽녘이면 창밖에서 한바탕 울어대는 매미로 인해 곤욕을 치르고 있었다. 초꼬슴에는 곧 괜찮아지겠지, 시끄럽게 굴어도 인내했다. 땅속에서 짧게는 2년 길게는 7년이라는 인고의 세월을 견디고 불과 십여 일 목청껏 존재를 알리다 사라지니 그 정도는 들어줘야지 하면서 참았다. 하루 이틀도 아니고 꼭두새벽부터 울어 대서 그것도 한계가 있었다.

갱년기 증후군으로 그렇지 않아도 새벽녘에 겨우 눈을 붙이는데 매미까지 훼방을 놓아서 밉상이었다. 하루는 발꿈치를 들고 매미 울음소리를 따라갔다. 창 쪽에서 그새 인기척을 느꼈는지 뚝, 그쳤다. 눈치가 백단으로 좀처럼 발각되지 않았다. 포기하고 잠을 청하려 들면 또다시 사이렌 소리는 약과였다. 한걸음에 달려나가 창문을 열어젖히면 어딘가에서 휙, 날아가 버린다. 약을 올릴 작정이라도 한 것 같았다.

며칠 조용하게 지나가나 했는데 귀청 찢어질 듯 자지러지는 소리에 나도 모르게 발코니로 뛰어나갔다. 순간 내 눈을 의심했다. 두 마리가 내 서슬에 놀랐는지 방충망에 꼼짝하지 않고 위태롭게 붙어 있었다. 이때다 싶어 살짝 손을 대는데 어디 한번 잡아보라는 듯 순식간에 짧게 '맴~' 하고 날아갔다.

그대로는 제풀에 지쳐서 쓰러질 것 같았다. 궁리 끝에 잠자리채를 구입하자 가족들은 한낱 미물에게 과민 대응한다고 한마디씩 했다. 하지만 이미 곤두선 귀에는 들어오지 않았다. 잠자리채를 거실에 세워두고 살포시 잠이 들려는 찰나, 아니나 다를까 매미는 그날따라 더 크게 목청을 높였다. 잡는 것은 시간문제였다. 창문을 들다시피 하고 잠자리채를 방충망에 갖다 댔다. 꼼짝없이 포로 신세가 된 녀석을 잡고 들여다보는데 좁쌀만 한 눈알을 굴리며 억울하다는 듯 배를 실룩거렸다. '요 못된 것' 배를 건드리니까 제발 살려 달라는 듯 짧게 맴, 맴 하고 운다. 그동안 내 집에 무단 침입해서 소란 피운 것을 생각하면 괘씸죄로 벌을 주고 싶었지만, 선생님이 학생에게 잘못을 꾸중하듯 단단히 훈계하고 선심 쓰듯 날려 보냈다.

사람도 불쑥 찾게 된다면 매미처럼 불청객이나 다름없다. 예고 없는 방문은 결례가 될 수 있기에 미리 예의를 갖추는 것은 기본이다. 매미도 잠깐 우리 집에 온 손님인데 너무 야박하게 내쫓아버린 것은 아닌지, 날아간 곳을 보고 있자니 미안했다. 그 뒤로는 녀석도 뉘우친 것일까, 멀리서 간간이 들려 올 뿐이었다.

이제 처서도 지나고 불청객이던 매미도 계절의 순환 앞에 그 소리가 잦아들었다. 아침저녁 불어오는 선선한 바람은 가을을 느끼게 한다. 머지않아 찌르레기와 귀뚜라미가 등장하지 않겠는가. 이 가을에 찾아올 손님은 누구일까.

걷다 보면

오늘도 충분하게 걸었다. 종일 미세먼지로 희뿌옇던 하늘은 해 질 무렵이 되자, 황홀한 낙조를 연출했다. 미세먼지 핑계 대고 집에 있었다면 놓쳤을 아름다운 풍경이다.

몸이 건강해도 마음먹은 일을 하지 않으면 날개 잃은 새나 다름없다. 도보의 장점은 스키나 골프같이 장비가 없어도 되고, 춥다 싶으면 옷 하나 껴입으면 그만이다. 준비물도 간소하고 목적지를 정하지 않아도 된다. 그날의 기분과 시간에 맞춰 발길 닿는 곳을 걷노라면 절로 콧노래를 흥얼거린다. 새소리, 물소리 자연의 소리도 함께여서 지루하지 않다.

나는 걷는 것을 처음부터 좋아하지는 않았다. 자전거를 타다 보니 놓치는 곳이 있어 일주일에 사흘은 걷기로 바꾸었다. 달리면서 보았을 때와 달리 자잘한 것도 관찰할 수 있었고, 흩어졌던 마음도 차분하게 정리가 됐다. 비가 오면 비 오는 대로 눈이 오면 눈 오는 대로 날씨와도 무관했다. 오히려 평소에는 무관심하던 자연의 신비스러움에 빠져 정신이 풍요로워졌다. 그러한 매력에 빠져 요즘은 주변에 머물던 산책의 범위가 점점 넓어지고 있다.

시골로 오기 전에는 각종 레저스포츠에 흥미를 갖고 취미로 여길 정도로 적지 않은 에너지를 쏟았다. 골프는 십오 년 넘게 공을 들였고, 스키는 여름에도 겨울이 오기를 손꼽다가 개장과 동시에 야간도 개의치 않고 내달렸다. 마치 스키나 골프가 인생의 전부라도 되는 양 몰두했다. 이들 종목에는 어떤 수식어가 필요 없을 정도로 사로잡는 힘이 강해 언제까지 할 줄 알았는데 한계에 부딪혔다. 골프는 혼자서 하기 어렵다. 팀을 이루었을 때 배려는 필수고 시간과 경제력이 뒷받침되어야 한다. 스키는 자칫 부상이 뒤따르는 위험도 있다.

그렇다고 해서 이 운동이 나쁘다는 것은 아니다. 마음 맞는 사람이나 부부끼리 대자연에서 잔디를 밟다 보면 관계가 돈독해진다. 스키 또한 오롯이 혼자만의 세계에서 새처럼 거대한 설산을 훌쩍 타고 넘다 보면 무릉도원이 따로 없다. 그러나 그것도 나이가 젊었을 때 얘기다. 자전거 타기는 기온이 영하로 내려가면 용기가 필요하다. 중요한 것은 어떤 운동도 내 체력과 맞는 것을 선택해야만 즐기며 오랫동안 할 수 있다.

오늘은 한강 하류 탐방로를 걷다가 흰뺨검둥오리 한 쌍이 교대로 자맥질하는 것을 보았다. 저녁을 해결하려는데 고기가 잘 잡히지 않는지, 물속에 들어가 한참 지나서야 고개를 들었다. 이들도 인간처럼 식량 해결이 중요한 과제일 것이다. 멀리서 보는데도 얼마나 예민한

지 물결을 박차고 날아가 버린다. 도처에 먹이사슬이 도사린 대지에서 생존하려면 촉이 발달해야 생명을 보존하리라. 식사는 방해하지 말아야 하는 데 본의 아니게 훼방꾼이 되고 말았다. 그때 어디선가 갈색머리흰죽지 한 쌍이 물살을 가르며 사뿐히 내려앉는다. 이 새는 외로움을 많이 타 서로 의지하는지, 짝을 지어 다니는 것이 특징이었다. 이곳까지 운동 구간을 넓히길 잘했다. 시간 가는 줄 모르고 녀석들을 보다가 어느 날은 어스름이 내리고서야 집으로 들어간다.

지금까지는 나에게 어느 것이 유리한지 계산하고 고민했다면, 이제는 어제 보지 못했던 풀꽃이 피었음을 알고 설레는 눈길을 보낸다. 타인에게 먼저 다가가는 것도, 들이마시고 내쉬는 숨소리마다 감사함도 걸으면서 생겨난 수확이다. 걷기는 단순한 운동이 아니라 생각을 깊어지게 하는 실천이다. 철학자들이 사색하며 산책을 즐긴 까닭을 알 것 같다. 우리도 자동차가 없던 시절에는 걸으면서 계획을 세우고 자신을 돌아보곤 하지 않았던가. 그동안 잊고 살았던 여유를 다시 찾게 되어 존귀한 선물을 받은 기분이다.

너그러움도 생겼다. 예전에는 거들떠보지 않았던 풀잎에서도 신비로운 세계를 엿본다. 걷고 나면 하루를 건강하게 보냈다는 충만함이 가슴 가득 밀려온다. 어떤 운동과 비교할 수 없는 삶의 활력소를 주어서 소중한 일상이 되었다.

법정 스님의 책 '홀로 사는 즐거움'에는 '자연 속에는 미묘한 자력이 있어 우리가 무심히 거기에 몸을 맡기면 그 자력이 올바른 길로 인도해 준다고 옛 수행자들은 믿었다'는 글귀가 나온다. 나도 꾸준히 걷다 보면 거기에 기대는 날이 오지 않을까. 그 깨달음이 나를 올바른 길로 인도해 준다면 더 바랄 것이 없겠다.

어떤 약속

주문하지 않은 고구마 한 상자가 택배로 도착했다. 주소를 확인하니 수취인에 분명 내 이름이 적혀 있었다. 아무리 찾아봐도 상자에 서산농협이라고 표기된 것 외에는 보낸 이의 이름은 없다. 혹시 상자 안에 있으려나 하고 개봉하니 금방 캔 듯 흙이 덜 마른 호박고구마만 가득했다. 나를 보고 웃고 있는 이 토실토실한 고구마를 도대체 누가 보낸 것일까. 기억을 불러내어 퍼즐을 맞추어가던 그때 짐작 가는 한 사람이 떠올랐다.

작년 이맘때였다. 고구마를 좋아하는데 시장에서 조금씩 사 먹는 것이 귀찮기도 하고 양도 차지 않았다. 요즘은 산지와 직거래도 믿을 만하고 가격도 시장보다 저렴하다는 장점이 있어 호박고구마를 주문했다. 어찌 된 일인지 다음 날이면 와야 할 고구마는 며칠 만에 도착했고 상한 것이 더 많았다. 이미 선금으로 계산도 끝났는데, 왠지 속은 기분이었다. 주문한 곳에 전화를 걸었다. 아저씨는 미안하다는 말 대신 충청도 특유의 느긋한 사투리로 "어쩌다 몇 개 썩었겠지유'라고 하는 것이 아닌가. 나는 언짢은 기분을 최대한 억누르며 성한 것은 몇 개 안 된다고 했다. 아저씨는 그럴 리가 없다면서 그냥 골라내고 먹으라며 끝까지 내 말을 믿지 않는 투였다.

좋은 말은 천 냥 빚도 갚는다는데 이건 적반하장이나 다름없었다. 내가 따지듯 하자 아저씨는 그제야 다른 종에 비해 호박고구마는 잘 상하다 보니 도중에 그리된 것 같다고 인정했다. 지금은 끝물이니 내년에 햇고구마 수확해서 보내주겠다고 한다. 내일 일도 기억하기 힘든 세상에 그때까지 기다리라고 하는 것은 무리라고 했다. 아저씨는 내 이름이 첫사랑하고 같아서 주소를 기억하고 있으니 걱정하지 말고 내년 수확기까지 믿고 한번 기다려 보라고 재차 다짐하듯 말했다. 객쩍게 첫사랑까지 들먹이며 설득해서 별사람 다 보겠다는 생각이 들었지만, 그의 말을 믿지 않을 수도 없었다. 내가 아는 것이라고는 달랑 전화번호 하나로 고구마를 보내고 안 보내고는 마음먹기에 달려 있었다. 더구나 배신당한 기분이 들어서 더는 기대하지 않았다.

그 무렵 나는 푼돈이 목돈된다는 말에 계를 들었고 드디어 목돈이 통장으로 들어왔다. 어디다 사용할까, 모처럼 나래를 펼치던 중었다. 어떻게 알았는지 가깝게 지낸 지인이 급하게 며칠만 쓰고 돌려준다기에 전혀 의심하지 않고 전액을 빌려주었다. 약속 날짜가 지나도록 아무런 소식이 없었다. 불안감을 떨치며 전화해도 받지 않았다. 할 수 없이 지인의 친동생을 찾아가 전후 사정을 얘기했다. 그렇지 않아도 여기저기서 돈을 끌어 모으고 미국으로 달아나서 동생도 피해자 중한 명이라고 하는 것 아닌가. 나는 떼인 금전도 금전이지만, 철석같이 믿었던 신의를 저버린 것에 대한 배신감으로 날밤을 새웠던 그 날의 기억을 아직도 잊지 못하고 있었다. 막상 고구마 상자를 받고 보니 잔잔한 감동이 밀려와 온몸을 싸고돈다. 아저씨는 상대방과의 약속을 지키기 이전에 자신의 철칙을 지켰으리라. 어떤 사람일까, 마주하고 차라도 한잔 나누고 싶다는 생각이 들었다. 누가 뭐래도 정직을 목숨처럼 여기며 오직 자기만의 길을 걸어오지 않았겠는가.

한 농부의 이야기가 떠오른다. 언젠가 한국에 왔던 펄벅 여사는 황혼 무렵 지게에 볏단을 지고 가는 농부의 모습을 보고는 '짐은 소달구지에 실으면 힘들지 않을 것인데'라고 말했다. 하지만 한국 농부는 소도 종일 일했으니 짐도 나누어지고 가야 한다고 대답했다. 그 농부와 이 아저씨의 얼굴이 오버랩되는 것은 어쩌면 신경 써도 뒤돌아서면 잊어버리는 일이 다반사인 세상에 일 년이라는 기간은 결코 짧은 시간이 아니어서 일 것이다.

밥 한번 먹자 해놓고 돌아서면 그만이었던 일이 어디 한두 번이었던가. 그런 우리를 외국인들은 이해할 수 없다는 글도 읽은 적 있어서일까. 택배로 온 고구마 상자는 나를 농부의 마음으로 살아가도록 이끌고 있었다. 돈으로는 살 수 없는 값진 수확이다. 어찌 작은 약속도 소홀히 할 수 있으리. 지금도 호박고구마를 보면 약속을 지킨 그 분이 떠오른다. 얼굴은 모르지만, 내 가슴에 약속의 상징으로 영원히 남아 있게 될 것 같다.

수탉

영하의 날씨에 어디로 갔을까. 주변을 샅샅이 살폈지만, 오리무중이다. 그동안 암탉들에게 받은 상처가 얼마나 깊었으면 새로 만들어 준 집도 버리고 그 좁은 틈으로 흔적 없이 사라졌을까.

매일 새벽이면 가장 먼저 온 마을을 깨우던 수탉이다. 언제나 날이 밝기를 기다렸다가 앞장서서 암탉들을 거느리고 위험에 노출될까 노심초사했다. 백여 년 만에 찾아온 혹독한 한파에도 밤이면 닭장 앞을 서성거리며 암탉들을 지켰다. 안타까운 마음에 안으로 들어가라고 밀어도 그때뿐 문밖에서 밤을 새웠다.

아침에 닭장 문을 여니 암탉들은 여느 때와 같이 모이 앞으로 모여드는데 수탉은 보이지 않았다. 구석에 틀어박혀 무슨 일인지 꼼짝을 안 해서 보니 온몸이 흠뻑 젖었다. 금방이라도 쓰러질 듯 날개를 늘어뜨리고 총기 없는 눈초리로 물끄러미 한 곳만 응시했다. 누가 근처에 얼씬거리기만 해도 볏을 세우고 돌격 태세를 취하던 녀석인데 잡아가도 그만이라는 듯 몸통을 만져도 가만히 있었다. 밤사이 기록적인 한파에 변을 당한 것일까.

어제까지만 해도 위엄을 갖추고 파수꾼처럼 암탉 주변을 잠시도 떠나지 않았다. 늘 접근할라치면 인정사정없이 달려들던 녀석이었다. 그것도 한 번으로 그치지 않고 자리를 뜰 때까지 목을 길게 빼고 목청을 돋우고 달려들어서 웃음을 자아냈다.

오늘은 살기를 포기한 행색이다. 최대한 온기라도 느끼게끔 방석을 깔아 주고 닭장 문을 나서던 순간 암탉들의 행동이 뭔가 수상쩍었다. 모이를 먹다 말고 교대로 수탉을 쪼고 제자리로 돌아가 아무 일도 없었다는 듯 태연히 모이를 먹었다.

처음에는 그들만의 사랑 방식인가 했는데, 수탉이 고개를 처박고 구석으로 내몰리고 있는 게 아닌가. 더 기막힌 것은 그런 수탉의 모습에 암탉들은 신이 난 듯 두세 마리가 한꺼번에 달려들어 마치 수탉 구실을 못 할 바에는 없어지라는 듯 쪼아댔다. 동물은 실망이 크면 모든 것을 내려놔 버린다고 했다. 수탉은 암탉의 공격에도 고개를 수그리고 대항할 뜻이 없어 보였다.

이대로는 분명 사달이 나고 말리라. 급하게 만든 닭장에 수탉을 넣었다. 어찌 된 일인지 조금 전까지 초주검 직전이던 모습은 간데없고 좁은 닭장 안을 왔다 갔다 하면서 암탉이 있는 곳을 향해 '국국' 괴상한 소리를 내면서 좌불안석이다. 난생처음 듣는 구슬픈 소리였다. 나도 모르게 코가 찡했다. 암탉이 미울 법도 하건만 함께한 시간이 미련을 갖게 하나 보다. 다시 같은 공간에 있게 해줘야 하나, 나는 약해지려는 마음을 다잡았다.

암탉들은 집안으로 치면 가장이 없어졌는데도 살피는 기색도 없다. 오히려 닭장 위를 날아오르면서 희희낙락 소리를 지른다. 마치 귀찮던 존재가 사라져서 이제야 살맛이 난다는 것처럼 들려 암탉에게 정나미가 떨어졌다. 수탉이 힘을 잃고 나니 암탉들은 돌변하여 합세해서 쪼아댄 것일까. 비정한 동물의 세계가 소름 돋게 했다.

수탉은 이 시대 가장의 자화상으로 보였다. 은퇴한 남편이 집에서 삼시 세끼 밥을 챙겨 먹는다고 삼식이라 부르고, 아내를 따라다닌다고 하여 정년 미아, 세 끼는 물론 종일 간식까지 챙겨 먹는다고 종간나, 거실에만 있다고 하여 공포의 거실남이라고 한다니 참으로 입에 올리기조차 거북하다. 그뿐만이 아니다. 이사할 때는 애완견이라도 꼭 안고 있어야 무사히 새집으로 들어갈 수 있다는 대목에서는 수탉과 다를 바 없다는 생각에 쓴웃음만 나온다.

가정은 희망의 발원지이자 행복의 중심지라는데, 그게 무너져서 얻는 것이 무엇일까. 혹자는 앓아누워만 있어도 남편이 살아 있는 것에 감사하라고 말한다. 맞는 말이다. 일부이길 바라지만, 어느 때보다 남편들의 권위가 위축된 요즘, 미안한 마음이 드는 것은 나만의 생각이 아닐 것이다. 예전에는 수탉이 홰를 치면 산에서 내려왔던 맹수들이 도망가고 잡귀들도 자취를 감췄다는 설이 있다. 그만큼 수탉의 위상이 높았다는 이야기이다. 시대가 변하고 힘이 약해졌다해서 함부로 내칠 수는 없지 않은가.

권위와 위신이 떨어진 수탉은 자존심이 상해 아무도 없는 곳으로 자취를 감춘 걸까. 그러고 보면 남편들의 위상도 아내들이 세워주지 않으면 이 수탉처럼 밖으로 돌지 모른다. 행복한 가정의 울타리는 사람이나 짐승이나 마찬가지일 텐데 그토록 구박받는지 몰랐던 내가 미안하다. 수탉아, 앞으로 그런 일이 없도록 보살필 테니 빨리 돌아와다오.

혼자 나들이

코비드19가 온 세계를 공포로 휩쓴 지도 이년이 넘었다. 감염이 두려워 지인은 물론이고 손자들도 마음 놓고 볼 수 없는 상황이라 종일 스스로 갇히듯 집안에만 있으려니 무료했다. 이럴 때일수록 지혜롭게 보내는 연습을 하는 것도 도움이 되지 않을까. 작은 물병 하나 배낭에 넣고 무작정 집을 나섰다. 처음에는 어색했던 일이 회를 거듭할수록 묘한 성취감에 빠져들었다.

오늘은 경기도 고양시에 있는 서오릉을 찾았다. 예전에 문학모임에서 갔었고 언젠가 친구하고도 둘러보던 곳이다. 이번에는 혼자 천원으로 입장권을 사서 천천히 즐기듯 능을 걷는데 그렇게 홀가분할 수가 없다. 그동안은 동행이 있어야만 되는 줄 알았다. 모처럼 호젓한 길을 걸으니 해설사를 따라 우르르 몰려다닐 때와는 달리 역사를 되짚어 보기에 괜찮았다. 더구나 지금 같은 전염병 위기에는 혼자가 덜 위험하다. 코비드가 아무리 호환 마마보다 무섭다고 해도 그곳에서는 걱정할 필요가 없었다.

부모님을 모시고 산책 나온 듯한 몇몇 사람이 눈에 띌 뿐 왁자하던 이전 모습은 보기 어려웠다. 천천히 어로를 따라 그 시대로 돌아간 듯 이끌려 걷는데, 수백 년 된 돌과 소나무가 나를 역사 속으로 안내하는 느낌이었다. 관리가 잘된 곳에 넓은 땅을 차지하고 잠든 왕들을 떠올리고 있자니 집 한 칸 없는 서민들 생각이 났다. 요즘 천정부지로 치솟는 집값 때문이었으리라. 그러나 역사는 시대별로 사상과 정치사를 반영하고 있기에 현재를 사는 우리에게 시사하는 가치가 커서 능을 유지하고 받들 필요도 있다고 본다. 능을 산책하다 보니 감히 간섭하듯 나는 이것저것 떠올렸다.

서오릉西五陵은 경릉慶陵, 창릉昌陵, 익릉翼陵, 명릉明陵, 홍릉弘陵 등 5기 능이 자리해서 조선 왕실의 왕릉군으로는 동구릉東九陵 다음으로 규모가 크다. 이곳에는 순창원, 수경원, 대빈묘, 인성대군 초장지도 있어 시간이 넉넉하지 않으면 놓치기 쉽다. 그 중 대빈묘는 익히 알려진 조선의 제19대 왕 숙종의 후궁 장희빈이 잠든 묘다. 왜 그렇게 포악하게 살 수밖에 없었는지. 명석한 두뇌로 나라를 부흥하는 쪽으로 활용했더라면 양지바른 자리에 묻혔을 텐데. 궁궐이 아닌 여염마을에서 평범한 장옥정으로 살았더라면 파란만장한 삶은 피하지 않았을까. 장희빈의 기를 누르기 위해 풍수가에 의해 세웠다는 바위는 보기만 해도 섬뜩했다.

한때는 왕실과 조정을 들었다 놨다 했다던 장희빈 아닌가. 대빈묘는 햇볕도 잘 들지 않은 음지에 외따로 있어서 초라했다. 서오릉에서도 가장 큰 명릉에 숙종과 함께 나란히 잠든 인현왕후와 대비되었다. 그나마도 경기도 광주에 있던 묘가 도시 계획으로 1969년에 불가피하게 서오릉으로 이전하고, 생전 인현왕후와의 나쁜 감정을 고려하여 명릉과 동떨어진 곳에 묻고 대진묘라 이름 붙였다고 한다.

묘 앞 계단을 내려오는데 인현왕후가 폐위된 뒤 아이들 입을 통해 장안에 퍼졌다는 '미나리는 사철인데 장다리는 한철일세'가 자연스럽게 읊조려졌다. 홍릉과 창릉은 언덕 하나를 넘어야 해서 그 옛날 왕의 상여를 메고 조심스럽게 언덕을 넘었을 상여꾼은 얼마나 힘들었을까 싶었다. 하필 그때 날파리 떼까지 눈앞에서 길을 방해하고 있었다. 시어나무 숲은 오래된 고목으로 인해 새들의 집결지인 듯하다. 온갖 종류의 새들이 조촐한 음악회에 초대받고 온 것 같은 착각이 들어 잠깐 앉아서 그들의 연주에 취해 있다가 일어섰다.

예전 같으면 혼자 길을 떠나는 일은 상상도 못 했다. 시골에 살다보니 마을 사람 대부분은 농사일로 바빴다. 덩그러니 우물 안 개구리가 되지 않으려 소풍 가는 것처럼 가볍게 길을 나서면, 잠자던 생각들이 내면에서 춤을 추었다. 글 쓰는 사람으로 이보다 큰 수확이 어디 있으랴. 이날은 인성대군 초장지, 익릉과 수경원, 제실을 끝으로 일정을 마무리했다.

코비드가 여전히 수그러들지 않고 있어 앞으로도 홀로 걷는 일이 많을 듯하다. 여럿일 때는 서로를 위한 배려에 신경을 써야 하는데 오히려 조용히 홀로 사색에 잠기다 보면 얻는 것이 많았다. 무엇보다 걸어야 보이고 들리고 느껴진다는 그 말뜻을 확실하게 일깨워 주었다. 그로 말미암아 잊고 있던 우리의 조선 왕실에 대해서도 되돌아보는 계기가 되었다. 대빈묘에서 느꼈듯 나도 사후까지 차별 받는 일이 생기지 않도록 하루를 정성껏 살아야겠다.

쓴맛

올해는 마른 하늘만 이어지고 있다. 지난해는 기록적인 장마가 나라를 온통 쑥대밭으로 만들고 수많은 인명까지 앗아갔다.

긴 장마에 민물 게는 집을 잃고 우리 집 현관 앞에서 길이 막혀 오도 가도 못 했던 모양이다. 아침에 문을 여는데 열 마리 족히 넘는 죽은 게가 현관 앞에 옹기종기 널브러져 있었다. 불어난 강물에 얼마나 절박했으면 민가까지 왔을까.

며칠 전에는 잉어로 보이는 죽은 물고기가 한강 하류 산책로 곳곳에서 발견되기도 했다. 근년에 보았던 민물고기들의 죽은 모습이 아직 뇌리에서 떠나지 않고 있던 차여서 충격은 배가 되었다. 그때는 강에 허연 물체가 줄지어 떠내려오기에 기다렸다가 보니 각종 죽은 민물고기였다. 마을 입구 다리 중간쯤에 이르자, 뱀장어, 가물치 등이 배를 드러낸 채 난간에 걸려 있었다. 강에서 어떤 난리가 났기에 평소에는 좀체 보이지 않던 희귀 어종들이 떼죽음을 당했을까. 참혹한 현장을 목격하니 안타까움을 넘어 여태 생태계의 고마움을 잊고 살지 않았는지, 무거운 마음을 내려놓지 못하고 있다.

근자에는 주변 산에 벌이 떼로 몰려다녔다. 온갖 꽃이 피었음에도 벌들이 자취를 감춰서 양봉하는 분들이 난감해한다는 이야기를 들었다. 예측할 수 없는 폭염과 장마로 인해 농작물이 타들어 가는 것을 나도 주변 밭작물에서 실감하고 있다. 농작물은 겨우 걸음마 단계에서 주저앉아 일어설 기미조차 보이지 않는다. 매일 끼니 챙기듯 물을 주고 있는데, 뿌리까지 도달하기에는 미흡한지 밭작물 성장은 더디기만 하다.

온실가스 배출을 줄이지 않으면 누구라도 그 재앙을 피해 갈 수 없는 경지에 이르렀다는 전문가의 말을 요즘에야 되새긴다. 외출할 때면 보온병, 장바구니 등을 필수로 챙기는 등 소소한 노력을 기울인다. 보온병은 물을 마시고 나면 컵으로 사용할 수 있어 일거양득이었다. 많은 사람이 실천하고 있을 활용도가 많은 식초는, 나도 빨래할 때 마지막 헹굼이나 머리 감고 린스 대신으로 사용한다. 친환경 비누, 밀가루 등을 부엌에 상시 두고 과일을 씻거나 설거지할 때 쓰고 있지만, 편리함에 길든 습관을 버리기는 쉽지 않아 부단히 극복하는 중이다.

2030년까지 이산화탄소 배출량을 50% 이상 줄이지 못하면 연쇄반응으로 인류문명의 종말로 이어질 것이라고 환경운동가 '그레타툰베리'가 호소한 바가 있다. 그의 말대로라면 고작 8년 남은 셈이다. 내가 사는 시골은 40분에 한 대꼴로 다니는 마을버스가 전부여서 단거리는 대부분 운동 겸 걸어서 다닌다. 부득이 약속 시간을 맞춰야 할 때는 근거리 지하철역에 승용차는 세워두고 대중교통을 이용하고 있다. 자주 있는 일이 아니라서 이산화탄소를 줄이는 데 별 도움이 될 것 같지는 않다. 그래도 모든 일은 소소한 것에서 출발하지 않던가.

여름이면 연일 찜통더위, 겨울에는 혹독한 추위가 장기간 이어지니 변한 기후에 봄가을도 사라졌다. 이대로라면 삼한사온도 머지않아 옛말이 될 것 같다. 냉해와 폭염 피해는 고스란히 농사짓는 사람들의 1년 농사를 망치고 그 연쇄반응으로 식탁 물가는 일 년 전과 비교하면 거의 오르지 않은 것이 없다. 실질적인 체감물가는 더 높아서 두세 번 가던 장보기를 한 번으로 줄였다. 갖고 싶은 게 많을수록 쓰레기도 늘어난다는 말도 있지 않은가. 지구온난화와 불안정한 기후변화로 폭염 일수가 늘어나 유실수가 냉해를 입어 과일값이 폭등한 적도 있다. 2030년도엔 한반도의 5% 면적이 물속에 잠긴다고 전문가들은 예측한다. 그뿐이 아니다. 요즘 자주 일어나는 산불과 기나긴 가뭄, 예측할 수 없는 홍수는 우리의 삶까지 위협하고 있다.

지구온난화는 남의 이야기로만 여겼는데 막상 시골로 이사하고 보니 실망스러운 것이 한두 가지가 아니다. 내가 전원에서 살고 싶었던 이유는 농사를 짓고자 함도 아니고 새소리와 함께 소박한 자연을 벗삼아서 노후를 보내고자 하는 바람 한 가지였다. 아직은 주무를 수 있는 흙이 있어 다행이긴 해도 하루가 다르게 변해가는 자연을 보면서 겁이 나는 것을 숨길 수 없다. 그동안 경험으로는 가장 쓴맛을 냈던 것이 익모초나 오이 꼭지 정도였다. 몇 년 전 시골로 온 후 그 정도는 비교가 되지 않는 강적을 이번에 보았다. 극도로 화가 난 환경이 내뿜는 경고의 쓴맛이었다.

이틀 전만 해도 방싯거리듯 노랗게 물들어 기대하게 했던 참외다. 수확을 앞두고 떨어져 밭고랑에 나뒹굴었다. 하루 상간에 믿기지 않았다. 살펴봐도 겉은 흠집 없이 멀쩡하다. 참외를 씻다 말고 나는 단맛은 들었을 것 같아 한입 베어 물었다. 형언할 수 없는 엄청난 쓴맛에 뱉어내고 말았다. 이유가 뭘까 하는데 변한 기후밖에 없었다. 참외의 쓴맛은 버리면 해결된다. 어른들이 환경을 파괴하여 생겨나는 엄청난 재앙은 망쳐온 시간 수백 배를 노력해도 회복된다는 보장이 없다. 특히 잘못도 없는 아이들에게 환경의 쓴맛부터 맛보게 해서야 되겠는가.

외눈 부처

인연 맺은 지 8년 된 식솔이 임신한 것도 모르고 주인이라고 할 수 있을까. 평소에는 기다렸다는 듯 미리 나와 있다가 꼬리를 흔들며 애교를 부리던 녀석이 내가 먼저 손을 내미는데도 앵돌아져서 본체만체했다. 맙소사! 새끼를 낳다니, 전혀 예상도 못 한 일이어서 입이 다물어지지 않았다.

돌이켜 보니 익은 살구가 나무에서 떨어지기가 바쁘게 먹어 치워서 나는 입맛만 다셨었다. 그런가 하면 길거리 음식은 눈길조차 주지 않던 녀석인데 산책길 어느새 고깃덩이를 물고 들어와 허겁지겁 뜯기도 했다. 그때마다 야단쳤지만 소용없었다. 이제 보니 나는 신경이 무딘 모양이다. 조금만 관심을 기울였다면 금방 알아차릴 수 있었던 일 아닌가. 주인을 향해서 분명 애타는 눈빛을 보냈을 텐데 눈치채지 못하고 소보록해진 배를 보면서 살이 쪄 그러려니 했다. 반려견을 키우면서 나처럼 아둔한 주인은 세상에 없을 것 같다. 혼자도 아니고 새끼까지 품고서 그동안 배고픔을 어떻게 참았을지. 녀석이 토라질 만도 하다.

요 녀석의 이름은 강매다. 마을에서도 사랑받기 바라는 뜻으로 마을 지명을 그대로 따서 지었다. 동네 사람도 길 가다 만나면 걸음을 멈추고 '강매' 하고 부르며 쓰다듬어 주니 고마웠다. 나이가 사람으로 치면 칠십이 넘은 것이나 다름없는데 새끼를 그것도 네 마리나 낳아서 저출산 시대에 갑자기 우리 집에는 경사가 났다. 내 아이가 태어났을 때는 그게 얼마나 성스럽고 위대한 일인지 경황없이 지났다. 기특하고 신비한 기쁨이 동물이라고 해서 다를 게 없었다.

지난봄 일이다. 평소 늡늡하던 복둥이가 밤만 되면 사생결단을 내려는 듯 짖어대고 아침이면 목이 쉬어 있었다. 으름장을 놓아도 그때뿐이어서 결국 입마개 해주는 것으로 벌을 주었다. 아마도 강매를 좋아하는 놈이 담을 넘지 않았을까 한다. 강매는 성격이 머슬머슬해서 처음 보는 개하고 쉽게 어울리는 성격이 아니다. 산책할 때 빼고 자유롭게 오가는 일도 없었다. 필시 그놈이 문밖에서 은밀히 유혹하자, 순진한 강매가 호기심에 솔깃하다 그만 사랑에 빠져들지 않았겠나 싶다. 그렇다면 고통도 함께 져야 마땅한데 새끼를 낳은 뒤로는 그림자도 한번 비친 적이 없다. 강매 혼자 새끼 분비물을 흔적 없이 먹어 치우고 핥는데 하루가 모자랄 지경이었다. 새끼의 대소변까지 받아먹는 걸 보고 있으면 그 거룩함에 나도 모르게 숙연해졌다.

강매는 내가 기쁠 때는 물론이고 슬픔에 잠겨 허우적거릴 때도 한결같은 즐거움을 안겨주었다. 나는 정량의 사료에 간식이라고 해야

고기도 아닌 건빵이나 개껌으로 낯내며 주인 행세만 했던 것은 아닌지, 더구나 새끼를 품은 것도 몰라보고 그 힘든 고빗사위에도 늘어져 있다고 불만하였다. 이러한 행동은 녀석에게 깊은 상처가 되었으리라. 임신했을 때 나도 생소하고 특별한 음식을 찾았던 기억이 난다. 이렇듯 자식까지 낳아본 사람이 몇 번 눈치챌 기회가 있었음에도 몰랐다니 강매를 보면 먼저 미안함이 앞섰다.

어떻게든지 녀석의 섭섭한 마음을 풀어주려고 노력하던 차에 마침 새끼 한 마리가 어미 통제선 밖에서 비를 맞고 있었다. 나는 새끼를 조심스럽게 안고 가서 어미 곁에 디밀었다. 녀석이 화를 풀 때까지 최선을 다해보기로 했다. 틈만 나면 다가가서 쓰다듬고 쌀밥과 미역국을 수시로 바쳤다. 테니스공으로 놀아주는 시간도 늘려갔다. 그런 어느 날 드디어 내 진심을 알았는지 바람개비 돌 듯 꼬리치며 내게 부닐었다. 인간관계에서 신뢰가 첫째이듯 동물도 진심 어린 선의는 알아보는가 보다. 녀석도 다르지 않았다.

하루는 어미가 새끼들과 모처럼 개집에서 나갔다가 나를 보자 빙글빙글 돌면서 꼬리를 흔들었다. 순간 무슨 기분 좋은 일이라도 있는지 새끼들의 등을 물고 내 앞에 내려놓더니 초승달처럼 입이 귀에 걸렸다. 나도 따라 웃지 않을 수 없었다. 하루는 어미에게 밥을 주고 잠깐 새끼를 만져보고 싶어서 손을 내밀었다가 덥석 물려 순식간에 손가락에서 피가 흘렀다. 그러고도 어미는 제 새끼 어떻게 할까 봐서 먹던 밥그릇도 내팽개치고 경계의 눈초리로 나를 쏘아보았다. 오로지 새끼만 감쌌다. 나의 친정어머니도 그랬듯이 어미의 눈에는 강아지들이 외눈 부처이리라. 새끼들이 좀 더 자라면 헤어진다는 걸 아는지 모르겠지만, 어미는 눈앞에서 꼬물거리는 새끼들한테 젖을 물리는 지금이 가장 행복한 시간일 것이다. 무엇이 절대적 사랑인지 몸소 실천하듯 오늘도 새끼 뒤만 따른다.

강매가 제 새끼 위하듯, 친정어머니도 자식들에게 지극정성이셨다. 하지만 자식 낳고 산후조리인들 제대로 하셨을까 싶다. 오직 자식만을 위해서 헌신으로 길러주셨음에도 나는 어머니가 홀로 자식들 오기만 작은 집에서 기다린다는 것을 알면서도 매실 익고, 감 익을 무렵에나 겨우 찾아뵈었다. 특별하지도 않은 음식 앞에 두고 감사하다며 어머니가 맛나게 드시면 그것으로 도리를 다한 듯 여겼다.

이웃에는 강매를 유독 예뻐하는 노부부가 사신다. 도심에 사는 자식들은 가뭄에 단비 내리듯이 왔다 하루도 안 채우고 돌아가서 녀석이 곧잘 말벗이 되곤 했다. 후회할 때는 이미 늦지 않던가. 부모님 뵙듯 전복, 녹두, 표고 등으로 죽을 쑤어다 드리면 그때마다 자식보다 이웃사촌이 낫다고 하신다. 친정어머니도 내가 가면 그렇게 말씀하셨다. 은연중 자식들의 왕래가 뜸한 서운함을 달리 표현한 것이리라. 이제는 만질 수도 볼 수도 없는 곳에 계시니, 아장거리는 강아지나 쓰다듬으며 망운지정望雲之情하고 있다. 사랑은 당도가 아니라 빈도임을 비로소 깨닫는다.

작품 세계/ 김우종
발문/ 권대근

〈작품 세계〉

사랑이라는 이름의 수필 미학

金宇鐘

(덕성여대 명예교수 · 문학평론가)

1. 저녁노을의 할머니

문학은 예술이요 그것은 미를 창작하는 행위 또는 그 작품이다. 그 미의 창작은 무엇이 미인가 하는 미학적 물음에 따라 다르다. 최수연은 사랑이 곧 미이며 여기에 우리말로 잘 다듬은 예쁜 한복을 입힌 것이 그의 수필이고 수필의 미학이다.

수필과 에세이는 같은 의미로 쓰이지만 색깔이 조금 다르다.

고전문학으로서의 영국의 <엘리아 수필>은 <Essays of Elia>로 되어 있다. 프랑스 고전문학으로서의 몽테뉴의 수필도 '몽테뉴의 Essais'로서 같은 어원에 속하며 서구문화권에서는 대학생들의 간단한 리포트나 교수들의 논문을 흔히 에세이라고 한다. 그러니까 에세이는 어느 정도 지적 논리적 문체의 수필이라는 인상을 준다.

한국의 수필은 서정성이 짙다. 최수연의 수필도 이에 속하긴 하지만, 서구문화권의 그것처럼 지적 논리적 사고도 같은 비중을 차지한다. 철학적 사상성과 함께 감성적 표현의 강도가 높아서 더 높은 격조를 유지한다. 그만큼 생각하는 작가요 감성적인 작가라고 말할 수 있다. 문학이 언어로써 사상과 감정을 전하는 예술이라고 한다면 최수연의 수필은 양자가 모두 잘 작동되고 있다.

> 오늘따라 유난히 붉은 노을이 구름과 어우러져서 하늘에 수를 놓고 있다. 마치 힘찬 말이 노을 위를 달리고, 어미 악어가 입을 벌리고 있는 형상에 넋이 반쯤 나가 있던 순간, 천지가 온통 주황으로 변하는가 싶더니 강렬한 빛을 내뿜었다. _<노을을 닮은 노인>

저녁 노을빛이 아무리 붉고 찬란해도 거기서 달리는 말을 보고 악어가 입을 벌리고 있는 형상을 보고 놀라서 주저앉고 울컥해서 눈물이 볼을 타고 내릴 정도라면 최수연은 사물에 대한 감정적 반응이 여간이 아니다. 그런데 이것은 앞집 할머니네 창문에 아직 불이 켜있지 않은 사실로 이어지고 있다. 해가 저무는데 아직 돌아오지 않은 할머니가 곧 붉게 타오르는 저녁노을이다.

정이 많은 작가의 눈에는 저녁노을은 앞집 할머니의 이미지다. 남편을 먼저 보내고 그 충격으로 기력이 쇠잔했을 터인데 매일 하루도 빠짐없이 노인회관의 독거노인 할머니들 식사를 챙겨주러 다닌다. 같은 노인인데 치매였던 남편을 3년 동안 혼자 모시고 편히 가시게

한 할머니는 불타는 저녁노을일 수밖에 없다. 색이 그렇게 진하고 아름답다.

노년의 할머니를 붉은 저녁노을에 비유하며 마지막까지 뜨겁고 찬란하게 생을 마감해가는 한 여인을 그려 낸 것은 우리가 어떻게 살고 저 세상으로 갈 것인가, 하는 철학적 질문에 대한 최수연 작가의 답일 것이다. 이것은 그만큼 예민한 정서적 반응에 의한 수필의 매력과 함께 철학적 사고의 매력이 잘 조화를 이룬 것이다.

그런데 작품의 비중을 더 높이고 있는 것은 그런 사상과 감정이 어우러져 전해주는 아름다움이다. 미의 여신 비너스가 전하는 회화적 가치나 에로티시즘도 아름다움이지만, 저녁노을로 비유된 할머니의 아름다움은 그것이 아니다. 예수나 석가나 동학 최제우의 사상에서 볼 수 있는 사랑의 아름다움이다. 인내천(人乃天)의 인권사상, 억압받는 약자에 대한 연민 같은 의미의 사랑이다. 억압은 흔히 정치적 이데올로기를 연상시키지만, 최수연의 그것은 현대문명의 개발이라는 이름으로 맹신하는 이데올로기에 대한 비판이다. 이 작가의 수필이 전하는 사랑은 그런 개발 천국의 피해자에 대한 사랑의 미이며 이에 그의 세련된 한국어를 입힌 것이 수필 작법이 되고 수필 미학이 돈다.

2. 사랑, 다 함께 살기

이런 사랑은 <고갯마루> <기억의 터> <수세미> <마음의 강> 등 내가 읽은 몇 편이 거의 모두 그렇다. 더 보태면 <움막> <앵두> <수탉> <고양이를 애도하다>가 모두 같은 주제 안에 묶인다.

이 작가의 사랑은 현대문명의 수레바퀴가 만들어나가는 상처에 대한 비판의식이 밑거름이 되어 성숙해지는 열매다.

현대문명은 다음 몇 가지의 얼굴을 지니고 있다. 과거를 뭉개고 미래로 나간다는 의미에서 포클레인 같은 사나운 무기를 달고 있는 것, 이에 떠밀리고 뒤처지는 낙오자들 기타 모든 생명체의 비명 소리가 울린다는 것. 꿈의 세계가 펼쳐진다는 최대의 거짓말을 믿는 사이비 종교이며 문명의 종점이 지구의 종말이라고 아무리 누가 외쳐도 믿지 않고 믿을 수밖에 없어서 체념하고 달리는 열차라는 것. 그렇지만 그런 얼굴만은 아니다. 뒤로 사라지는 것에 대한 향수는 저녁노을처럼 아름답고 그 속에도 사랑이 있다.

최수연의 수필은 그런 현대문명의 횡포이며 <기억의 터>는 일제가 저지른 침략전쟁 속의 위안부에 대한 기억을 재생시켜준다. 이것은 물론 희생자에 대한 사랑이며 가해자에 대한 고발이다. 그런데 이런 고발과 함께 서글프면서도 아름다운 향수가 있고 절망을 이겨내는 사랑의 철학이 있다.

최 작가가 말하는 현대문명과 그 상처는 <기억의 터>처럼 전쟁터도 있지만 작품 배경은 작자 자신의 삶의 현장이다. 작자의 고향이 있고 부모님과 옛 노인들이 있고, 또 함께 살아가던 온갖 식물과 짐승들이 있다.

그리고 여기서 작자는 모든 생명체와의 공생(共生)이라는 사랑의 철학이 익어간다. 뒤처지고 가난한 사람들만이 아니라 작은 풀포기와 고라니 노루 뱀까지 모든 생명체에 대한 존엄성이며 연민의 정이라는 의미에서 중요한 철학적 사상성을 지닌다.

<물길>에서 보면 그의 사랑은 모든 생명체에 대한 존엄성을 의미하며 그것은 지구상 모든 생명체가 더불어 살아가는 공생철학(共生哲學)을 저변에 깔고 있다.

작자의 물길은 하늘에서 내린 빗물이 트랙터와 포클레인 공사로 흐르던 길이 막혀서 돌아가도록 강요당하는 물길이다. 그래서 옛날 황진이의 청산리 벽계수 물길과 다르다. 작자가 사는 곳에서 일산 파주를 지나 송악산 골짜기에서 흘러내리던 황진이의 물길에는 풀벌레 소리가 있고 가재와 송사리가 있고 달맞이꽃의 향기가 있고 여기에 황진이의 명창이 있었다면 나그네를 유혹하기 알맞았겠지만 포클레인으로 목이 비틀어진 현대문명의 <물길>은 너무 삭막해서 연애할 장소가 아니다. 이런 개발이 과연 무조건적으로 서둘러야 할 꿈의 세상을 위한 것인가 작자는 묻고 있다.

습지가 서식지인 고라니와 꿩 등이 거처를 잃고 헤매다가 대낮에도 몸을 드러냈다. 며칠 전에는 참게가 엉금썰썰 집 안으로 기어들어 왔다. 오늘은 얼마나 절박했으면 뱀이 여기가 어딘지 알고 강아지 옆에 겁도 없이 똬리를 틀고 있었다. _<물길>

이 작품에서 작자는 이밖에도 사람과 함께 살던 많은 식물과 동물을 말하지만 앞머리에서는 개발에 밀리고 갈 곳을 잃는 가난한 세입자들의 모습을 보여주고 있다. 그리고 호주의 원주민들이 그들의 원시림 숲을 지키고 이겨낸 사실을 기억시켜주며 우리를 질타하고 있다. 그것은 옛 시골 생활을 그리는 감상주의자의 심술이요 몽니 같지만 이미 겪기 시작한 지구의 반란을 알고 있다면 작자가 <물길> 한편으로 전하고 있는 위급한 사태의 진실을 누구도 부정할 수 없다. 그래서 최수연의 수필은 때때로 매우 강도 높은 비판적 에세이다.

3. 약자의 죽음, 고양이와 정인이

최수연은 문명비평의 에세이스트다. 우리는 문명의 발전을 위해서 과거를 포클레인으로 걷어낸다. 그래서 고층 아파트들이 생기고 하늘을 찌르는 바벨탑이 생기는 대신 많은 소외자가 생긴다. 이 치열한 경쟁으로 인간성을 잃어버린 괴물들이 나타난다. <고양이를 애도하다>도 그런 개발 경쟁 속에서 정서가 메말라버린 누군가가 저지른 범죄의 고발장이다. 사랑해주는 사람을 만나면서도 공포에 질려서 경계하다가 마침내 비참하게 죽임을 당한 것은 문명 개발이 만들어나가는 괴물 인간의 만행이다. 그리고 이것은 사람의 경우도 예외가 아니다. 정인이의 죽음이 그것이다.

차마 부르기조차 미안한 이름, 정인아! 어쩌면 "네가 바로 정인이다" 피켓마저도 선행되지 않은 어른들의 이기심은 아닌지. 나를 비롯하여 어른들을 용서할 생각은 아예 품지 말거라. 부디 그곳에서는 행복하기를. _<고양이를 애도하다>

어린 고양이의 죽음과 어린 정인이의 죽음은 꼭 같은 문명 병기에 의한 학살이다. 문명 개발 속에서 뒤떨어진 소외자가 되지 않기 위한 환경적응 훈련이 자신들을 그처럼 미치광이로 만들어버린 것이다.

4. 마음의 강

그런데 작자는 비관론자는 아니다. 길을 잃어버린 현대문명 속에서 그래도 이정표와 밝은 등불을 치켜들고 있다. 앞에서 말한 <노을을 닮은 노인>이 그런 기적을 입증해 주고 있다.

현대자본주의 문명을 살아가는 인간에게서 날이 갈수록 증대되는 공통점이 이기주의라면 이를 거부하고 거꾸로 사는 사람이 그 할머니다. 다 같이 어려운데 거기서 남을 돕는 사람은 일반적 삶의 원칙을 벗어난 사람이다. 정말 아름다운 사랑을 보려면 천국이 아니라 지옥에 가봐야 된다. 최수연이 이 작품에서 보여주고 있는 미의 개념이 이런 할머니의 경우다. <마음의 강>도 그렇다. 삭막해진 세상이라지만 무거운 짐을 버스에 싣는 할머니와 운전기사가 만나는 시골 버스

정류장의 풍경은 여전히 우리가 미련을 버릴 수 없는 아름다운 세상이다.

누구나 마음속에는 따스한 인정의 강이 있을 거라고 본다. 너나 없이 바쁘게 살다보니 잊고 지낼 뿐이다. 사람과 사람 사이에 흐르는 강줄기가 막히거나 고여 있지 않도록 해야겠다. 강물의 깊이는 상관하지 말자. 아침이면 물안개, 저녁이면 노을에 내 마음을 띄우고 수 없이 들여다보리라. 낮은 곳으로 흐르던 물길이 언제든 닻을 내릴 수 있게 물꼬도 터놓아야겠다. _<마음의 강>

이것은 그처럼 타인을 위해 살기도 하는 사람의 작은 물줄기를 말한다. 누구나 다 같이 그런 강물이 마음속에 흐르고 있다는 작자의 생각은 낙관론이다. 결핍증에만 너무 민감하지 않은 이상 현대의 각박한 현실 속에서 필사적으로 달리는 사람들 누구도 예외 없이 그런 사랑의 강물이 남아 있으리라는 것은 결코 비관하고 절망하지 않고 자신 있게 긍정적 사고로 삶을 만들어나가는 사람의 것이다. 이런 의미에서 최수연의 수필은 매우 아름다운 사랑을 세련된 문체 속에 담아서 빛을 내는 보석 같은 것이겠다.

5. 아름다웠던 시간

<앵두> <움막> 그리고 어머니의 사랑을 그린 <수세미>는 <노을을 닮은 노인>처럼 도시 문명 개발의 뒤 그늘에 가려진 사람들이다. 노인들은 자식들 모두 도시로 떠나고 혼자 남았으니 낙오자들이고 저녁노을처럼 시간이 얼마 남지 않았다. 그런데 작자는 이 과거의 시간에서 오늘의 시간이 겪고 있는 문제의 처방을 찾아나간다.

<도둑고양이>는 작자 자신이 곱게 살아가는 모습이 나타나지만 역시 아름다운 세상의 가능성이며 우리가 알아야 할 우리 사회의 상비약일 것이다.

여기서 배고픈 고양이들이 모이는 강가의 제방은 쓰레기 하치장도 아니고 화장실도 아니다. 작자는 이 쓰레기를 치운다. 버리는 얌체들과 돈도 안 받고 치우는 바보 같은 여인의 싸움이다. 하지만 결국 그 곳은 더는 아무도 쓰레기와 소변으로 더럽히지 않고 뚝에 앉아서 강물을 바라보며 쉬는 공간이 된다.

이것은 잃어버린 과거의 시간 되찾기다. 쓰레기 천국은 오늘의 개발 문명이 만든 것이며 뚝방의 얌체족은 옛사람들보다는 오늘의 도시인들이다. 서울이야말로 그 쓰레기더미의 위기에 처해 있고 작자는 이 위기와 싸우고 있는 셈이다.

이런 작품들은 잃어버린 시간에 대한 그리움이 담겨져 있다. 울타리의 앵두를 주전자 가득히 따서 전해주던 아랫마을 준이, 비닐 천막이 갈기갈기 찢어진 움막집에 살다 떠나버린 청년, 지금은 5층짜리 건물이 들어서며 온통 시끄러운 공사판이 되어 있는데, 그래도 작자에게 무엇인가 주고 싶어서 유통기한이 지난 모기향을 주고 떠난 청년, 그 이야기는 그래도 모두 돕고 아껴주며 함께 살아가던 사람들에 대한 그리움을 전한 작품들이다. 작자 자신과도 관계된 과거의 시간이기도 하지만, 그것은 모두 힘들게 살던 과거의 시간을 현재와 대비시키고 우리가 잃어버린 소중한 것을 일깨워 주고 있다.

'최소한 지붕이나마 새로 이어주는 것이 이웃과도 상생하는 길'(<움막>에서)이라고 생각하던 시절을 상기시킨 이것은 잘사는 세상을 꿈꾸며 개발을 서둘러 오고 있는 우리가 반드시 되돌아봐야 할 소중한 것이 무엇인지를 명확히 지적한 것이다. 유통기한이 지난 모기향을 선물로 주고 간 그 청년을 작자가 지금도 잊지 못하고 글에 담은 것도 그 소중한 가치 때문일 것이다. 선물을 주고 싶은데 바람에 펄럭이는 지붕 천막을 뜯어 줄 수도 없어서 겨우 마련한 모기향의 선물 값은 얼마나 쳐야 될까? 백만금인들 이에 비하랴? 움막집의 지난날의 시간에서 만났던 그런 선물은 지금 세상에서는 받아보기 힘들다. 지금의 물질만능주의와 화려한 기계문명은 너무도 큰 선물이 우리를 기다리고 있다고 약속하지만, 그것은 어쩌면 인류가 발명한 최대 거짓말일 지도 모른다. 그래서 지나가 버린 과거의 시간을 되돌아보고 거기 두고 온 선물이 지닌 아름다움을 최고의 미로 증언하고 있는 것이 이 작가의 수필 미학이다.

이것은 국내 총 생산의 자랑스러운 수치와 달리 자살률 최고라는 오명을 쓰고 있는 우리 자신에 대한 경고장이며 바른 길의 이정표다. 이런 사회 비평적인 과제는 우리의 힘겨운 현실을 외면하고 음풍영월에 길들여진 한국 문학에서는 자칫 피하고 싶은 소재가 되기 쉽다. 그런데도 불구하고 이 작가는 풍부한 우리말의 동원력과 세련된 문체, 섬세한 감성적 표현으로 한국수필이 가야 할 무엇보다 값진 길이 무엇인지를 말해주며 우리 수필계의 위상을 높이고 있다.

(2023년 6월)

<발문>

이중층위의 구조, 감각적인 형상화
–빛의 이중성과 양자역학 이론에 기대어

권대근
(평론가 · 대신대학원대학교 교수)

Ⅰ.

양자 물리학은 파동-입자 이중성 및 양자 얽힘과 같은 상상을 초월하는 개념으로 현실에 대한 우리의 일상적인 이해에 도전하고 있다. 양자물리학의 매력과 그것이 우주에 대한 우리의 이해에 미치는 심오한 영향을 밝히는 작업을 최수연의 수필을 읽고 이해하고 분석하는 과정으로 전환하면 어떨까 싶은 생각이 찾아든다. 흥미진진하리란 생각에 나도 들떠 있다. 양자역학을 공부하면서 파동과 입자 모두로 행동하는 빛의 이중적 특성과 같은 개념에 신기해하면서, 우리의 지식에 한계를 부과하는 양자역학의 불확정성 원리를 밝히는 것을 수필의 이중구조와 귀납추론의 원리나 주제의 내면화 원리와 연결할 수 있다는 결론에 도달했다. 양자 영역의 비밀을 밝히고 이 매혹적인 과학 분야의 경이로움을 최수연 수필 분석영역으로 치환해 작가의 창작원리를 이해하는 이 여정에 독자 여러분을 초대하고자 한다.

뉴턴 역학에 기초한 고전 물리학이 양자 물리학의 새로운 영역에 자리를 내준 양자혁명 동안 발생한 패러다임 전환을 '사실을 사실대로' '수필은 붓 가는 대로 쓰는 글이란 전통수필'에서 수필은 '제재를 통해 주제를 겨냥한다'는 본격수필에로의 전환에 견주어보면 어떨까. 요즘 공중부양되고 있는 영자역학은 오랜 결정론적 세계관에 도전하고 파동 입자 이중성, 불확실성 및 양자 중첩과 같은 개념으로 우주의 운행원리에 대한 이해에 새로운 지식을 부여하고 있다. 양자 혁명은 물리적 세계에 대한 우리의 이해에 근본적인 변화를 가져왔고 놀라운 과학적 발전과 기술 혁신의 발판을 마련했다. 본격수필이론도 양자역학의 발전과 마찬가지로 교술이라는 전통수필 이론에 도전하고, 기존 수필에 대한 개념에서 전환하여 수필적 허구, 중층구조와 존재론적 의미화라는 새로운 이론으로 현대수필의 옷을 입었다.

Ⅱ.

빛의 이중성을 강조하는 '파동-입자'라는 흥미로운 개념을 최수연 수필들에 적용해 보려한다. 빛이 '파동과 입자'의 특성을 모두 나타낼 수 있는 방법에 기대어 그 동작에 대한 기존의 이해에 도전하는 양자역학의 원리를 통해 최수연 수필의 구조를 재미있게 풀어보겠다. 파동-입자 이중성 개념을 뒷받침하기 위해 과학자들은 이중 슬릿 실험과 같은 유명한 실험을 했다. 이 실험은 빛이 어떻게 동시에 파동과 입자로 행동할 수 있는지 보여준다. 촘촘하게 간격을 둔 두 개의 슬릿을 통해 빛을 통과시키면 파동과 같은 행동을 암시하는 간섭 패턴을 관찰할 수 있다. 그러나 광자가 어떤 경로를 택하는지 결정하기 위해 검출기를 배치하면 간섭 패턴이 없는 입자와 같은 동작이 관찰된다. 따라서 빛이 파동-입자라는 이중의 성질을 띤다는 것은 이제 명백해졌다. 수필의 구조도 마찬가지다. 이중구조로 되어 있어 도토로프의 중층구조이론으로 풀어낼 수 있다. 수필의 창작이나 이해에 있어서 '이중성'의 이론적 배경은 1. 예술의 복합성 원리 2. 토도로프의 중층구조이론 3. 언어학의 이중부호원리 4. 인식과 형상의 복합체란 문학이론에 의해 그 근거를 확보한다고 하겠다. 여러 작품 중 <움막>을 토대로 구조미학을 살펴보도록 하겠다.

> 아기 주먹만 한 자물통은 여전히 입을 굳게 다물고 있다. 몇 달 사이에 움막 비닐은 갈기갈기 찢겨 꽃샘바람에 진혼굿 하듯 너울너울 춤을 춘다. 을씨년스럽다. 사람이 거주할 때는 온기라도 돌았는데 화사한 봄이 무색하다. 청년은 어디로 떠났을까. 그래도 이웃인데 인사도 나누지 못할 정도로 피치 못할 사정이 있었나 보다.[발단부]
>
> 미국의 경제학자이자 사회운동가였던 스콧 니어링(1883-1983)은 죽어가면서 아메리카 원주민의 노래를 읊조렸다고 한다. "나무처럼 높이 걸어라. 산처럼 강하게 살아라. 봄바람처럼 부드러워라." 마지막으로 남긴 이 말처럼 정해진 집이 없는 사람들도 희망을 품고 이 글처럼 살았으면 한다. 지금 우리가 사는 곳이 오두막이든 움집이든

모두 임시거처일 뿐이다.

오늘은 장대비까지 내려서 흠뻑 젖은 움막이 더욱더 초라하다. 마치 우산도 쓰지 않은 그가 서 있는 듯하다. 길고양이도 집주인이 떠난 것을 아는지 구슬프게 울며 비에 젖은 낡은 지붕을 오르락내리락 하고 있다.[결말부] _<움막>

이 작품은 매우 전략적으로 쓰여져 짜임새 있는 구성과 적발과 직시, 사회적 발언이 설득력있게 전개되어 감동을 안겨주는 작품이다. 우리 사회가 안고 있는 문제에 대한 예리한 진단과 증언을 통해 더 나은 세상을 향한 작가의 여망을 문학적 담론으로 담아내는 데 성공했다고 하겠다. 작가는 '움막'이란 제재를 통해서 한국의 사회문제로 대두되고 있는 집문제와 청년문제를 이중적으로 동시에 터치하고 있다. 집에 대한 왜곡된 인식에 경종을 울리는 한마디, 집에 대한 작가의 개념 정의는 '젊어서 나도 정원이 있는 저택을 꿈꾸었다. 친척과 친구들에게 자랑도 하고 싶었다. 어느 정도 나이테가 쌓이면서 집에 대한 의미가 달라졌다'라는 반성적 성찰이란 전제가 있어서 강한 설득력으로 다가온다. 이 수필의 결말부, '우산도 쓰지 않은 그가 서 있는 듯하다'와 같은 은유적인 표현은 정서의 상징화에 많은 도움이 된다. '장대비' '흠뻑 젖은 움막' '길고양이' '떠난 집주인' '구슬프게 울며' '젖은 낡은 지붕' 등은 일종의 상징들로서 자신의 정서를 표현하는 도구가 된다. 이처럼 정서에 단어를 부과하여 재경험할 때 새로운 의미를 획득한다. 문학은 이처럼 의미발견, 의미부여에 의해서 생명을 갖는다.

이 수필은 결말부에 왜 비 오는 장면을 배경으로 깔았을까. 생각해 보면 '비 오는 날'이라는 이유만으로 더욱 잘 이해되는 사건과 분위기가 있다. '날씨'는 작품성에 큰 영향을 미친다는 것을 알 수 있다. 황순원의 <소나기>에서 만약 비가 내리지 않았다면 소년과 소녀의 애틋한 첫사랑이 그토록 가슴 설레는 느낌으로 시작될 수 있었을까. 이렇듯 문학작품에서 날씨는 분명 '날씨 그 이상'의 의미를 함축하고 있음을 알 수 있다. 날씨는 줄거리에 개연성을 부여하기도 하고, 등장인물의 성격이나 기분을 강하게 부각시키기도 하며, 작품의 상징적 의미를 심화시키는 역할도 하는 것이다. 아마도 이런 차원에서 작가는 비가 오는 날을 전략적으로 배경으로 설정했을 것이다. <움막>의 문학적 성취는 단순히 시골에 남은 움막 한 채를 통한 도시화나 문명 비판이 아니라 청년의 문제를 이슈화한 데 있다. '명절은 가족과 함께', '주말은 가족과 함께'라고 하지만 점차 많은 사람들이 명절이나 휴일을 우리 사회가 규정해 놓은 단일한 모습의 '가족'과 함께 보내고 있지 않다. 그나마 시골에 남아 있는 움막 한 채에서 노모와 함께 살던 청년도 어머니를 저 멀리 보내고 말자, 집을 떠나고 마는 현실이다. 이런 '이별'과 '부재' 그리고 '떠남'과 '허무'의 착잡한 분위기와 암울한 상황을 비 오는 날에 더하여 낡은 지붕과 불안한 고양이 울음소리에 포개어 잘 묘사했다.

III.

항상 미래를 보고 걷는 자의 발끝에서 역사는 이루어지는 법이다. 의리와 신뢰를 바탕으로 차이와 다름의 가치를 인정하고, 타자의 시선으로 세상을 이해하려는 자세로 헌신하여 창작의 열정을 태워 수필가로서의 소임을 다하고자 하는 최수연 수필가의 노력에 박수를 보낸다. 나는 발문을 마치면서 입자와 파동이란 이중구조를 통하여 문학적 성취를 견인한 최수연의 수필 생성전략이 매우 돋보였다고도 말해주고 싶다. 가장 형상화가 잘된 부분을 결말부로 돌려 지배적 정황을 더욱 강화하거나 '주제의식'의 국면을 이미지로 재현해서 보다 더 울림이 큰 감동을 전달할 수 있게 한 것도 바람직하다. 만약에 체험을 1차원적인 이야기로 풀어내었거나, 직설적인 발화로 개념적인 언술로 진술했다면 수필은 우리에게 별다른 감동을 주지 못했을 것이다. 하지만 '제재'의 의미를 철학적인 의미에 얹어 이미지로 묘사했기에 미적 감각을 극대화할 수 있었다고 본다. 최수연 수필의 우수성은 바로 감각적인 이미지를 통해 주제의식을 형상화한 것에서 찾을 수 있겠다. 최수연 수필은 지배적 정황으로 제시된 보조 자료에 힘입어 기존의 언어가 제시하기 힘든 미적 사유와 감정을 전달한다고 하겠다. 다른 작가들에게서는 좀처럼 볼 수 없는 다양한 미적 장치들을 사용하여 감동의 울림통을 극대화하였다. 최수연 수필집 《바람의 집》 출간을 거듭 축하한다.

최수연 수필집

바람의 집

1쇄 인쇄 / 2023년 10월 25일
1쇄 발행 / 2023년 10월 31일

지은이 / 최수연
펴낸이 / 김주안
펴낸곳 / 도서출판 진실한사람들
주소 / 경기도 하남시 미사강변서로 25, 926호(미사테스타타워)
Tel / 031-5175-6210
Fax / 031-5175-6211
E-mail / munvi22@hanmail.net
등록번호 / 제300-2003-210호
ISBN: 978-89-91905-83-2

값 15,000원